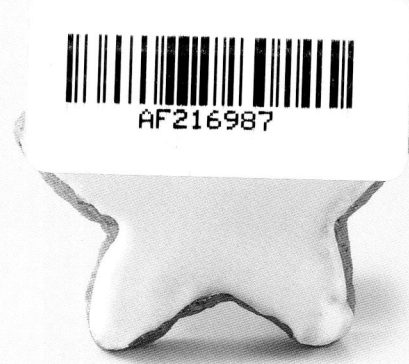

AF216987

HIMMLISCHER SÜDWESTEN

Himmlischer SÜDWESTEN

Backrezepte zur Advents- und Weihnachtszeit aus Baden-Württemberg

BACKEN MIT ➤➤SWR4

SILBERBURG

Impressum

2. Auflage 2022

© 2022 Silberburg-Verlag GmbH,
Schweickhardtstraße 5a, D-72072 Tübingen.
Alle Rechte vorbehalten.

Buch zum Programmschwerpunkt »Himmlische
Rezepte zur Adventszeit« auf SWR4 des SWR in Zusam-
menarbeit mit der SWR Media Services GmbH

ISBN 978-3-8425-2176-6

Umschlaggestaltung: Silke Schüler, München.
Layout: Christoph Wöhler, Tübingen.
Lektorat & Satz: Silke Schüler, München.
Korrektorat: Susanne Langer-Joffroy M.A., Germering.
Druck: Florjančič Tisk d.o.o. / Slowenien.

Sollte dieses Werk Links auf Webseiten Dritter enthal-
ten, so machen wir uns die Inhalte nicht zu eigen und
übernehmen für die Inhalte keine Haftung.

In diesem Buch wird aus Gründen der besseren Lesbar-
keit das generische Maskulinum verwendet. Weibliche
und anderweitige Geschlechteridentitäten werden dabei
ausdrücklich mitgemeint, soweit es für die Aussage
erforderlich ist.

Besuchen Sie uns im Internet und entdecken Sie die
Vielfalt unseres Verlagsprogramms: www.silberburg.de

Ihre Meinung ist wichtig für unsere weitere Verlagsar-
beit. Senden Sie uns Ihre Kritik und Anregungen an:
meinung@silberburg.de

Bildnachweis: Fotografien auf den Seiten 9, 10, 11, 16,
17, 42, 43, 62, 63, 80, 81, 98, 99, 122, 123: © SWR/
Christine Garcia Urbina, Stuttgart, 2020.

Umschlagfoto: © RoterPanther – iStock; Umschlag
innen: © AlexRaths – iStock; 2: © Magdalena Kucova –
Shutterstock; 5: © fermate – iStock; 6: © Vilvarin – Shutterstock; 11: © j.chizhe – Shutterstock; 12: © Sea Wave –
Shutterstock; 20: © Andrea Leiber – Shutterstock; 23:
© Ildi Papp – Shutterstock; 26: © Elena_Danileiko –
iStock; 29: © marcin jucha – Shutterstock; 34: © Anna
Shepulova – Shutterstock; 36: © iko636 – iStock; 39:
© AnikonaAnn – Shutterstock; 46: © Margoe Edwards –
Shutterstock; 49: © Anna Bogush – Shutterstock; 54:
© simoncarter – iStock; 57: © Kati Finell – Shutterstock;
58: © AGfoto – Shutterstock; 64: © AlexPro9500 –
iStock; 67: © Pinkybird – iStock; 70: © AS Food
studio – Shutterstock; 72: © combomambo – iStock; 73:
© BarthFotografie – Shutterstock; 75: © TorriPhoto –
Shutterstock; 78: © NoirChocolate – Shutterstock; 83:
© Tutku Tokol – Shutterstock; 84: © Siim79 – Shutterstock; 88: © juliannafunk – iStock; 90: © Alp Aksoy –
Shutterstock; 92: © photocrew1 – iStock; 95:
© art nick – Shutterstock; 100: © Natasha Breen – Shutterstock; 103: © alpenkoch – Shutterstock;
108: © Tomjac80 – iStock; 110:
© kc look – Shutterstock;
113: © Irrin0215 – iStock;
116: © ninitta – iStock;
119: © Kshavratskaya –
iStock; 106, 124: © Sonja
Rachbauer – iStock;
Hintergrundbilder
und Freisteller: © Sergii
Petroshchuk – iStock;
© Imagesines – iStock;
© Irina Mitin – Shutter-
stock; © eli_asenova –
Shutterstock; © Maren
Winter – Shut-
terstock; © elena
moiseeva – Shut-
terstock; © unpict –
Shutterstock.

INHALT

Nuss und Mandelkern *53*

Rezepte mit Pfiff *71*

Kleine Kunstwerke 89

Kinderleicht 107

HIMMLISCHE KÖSTLICHKEITEN ZUR WEIHNACHTSZEIT

Weihnachten ohne Weihnachtsgebäck – das geht gar nicht, unvorstellbar! Im Gegenteil, darauf freuen wir uns doch alle jedes Jahr! Unzählige Rezepte aus vielen Ländern der Welt sind überliefert. So natürlich auch aus dem Süden Deutschlands, aus Baden-Württemberg, wo es eine Vielfalt an klassischen, aber auch leckeren regionalen Gebäcken gibt.

Die SWR4 Hörerinnen und -Hörer und die baden-württembergischen LandFrauen haben ihre besten Weihnachtsgebäckrezepte eingesandt. Eine wahrlich stolze Auswahl davon können wir Ihnen in diesem liebevoll gestalteten Buch präsentieren.

In sechs großen Kapiteln ist eine tolle Bandbreite an Gebäcken versammelt, die in Baden-Württemberg in der Advents- und Weihnachtszeit auf den Tisch kommen: einheimische, eingewanderte oder exotische Plätzchen, Brötle mit Nüssen, Kokosraspeln oder Früchten, mit Schokolade, Marzipan, vielleicht auch mit einem Schuss Alkohol, Kleingebäck, Stollen und Hutzelbrote …

Unsere bewährten SWR4 Backexperten haben zu jedem Kapitel ein Rezept beigesteuert. Wir dürfen sie vorstellen:

Konditormeister Joachim Feinauer hat eine Vorliebe für ausgefallene Rezepte und ausgefeilte Dekorationen. An der Gewerblichen Schule Im Hoppenlau in Stuttgart bildet er mit großem Engagement den Nachwuchs im Konditorenhandwerk aus.

Joachim Habiger ist Konditor, Koch und Fachlehrer für Patisserie und Zuckerartistik. Mit der Kunst am Kuchen war er wiederholt bei Wettbewerben sehr erfolgreich, in seinem Bildungszentrum in Fellbach schult er gestandene Backprofis.

Zudem stellen die baden-württembergischen LandFrauen-Präsidentinnen ihre besten Weihnachtsrezepte zur Verfügung. Und Gerlinde Kretschmann hat uns gern ein Lieblingsrezept ihres Mannes, des Ministerpräsidenten Winfried Kretschmann, verraten.

Joachim Feinauer backt für Sie:

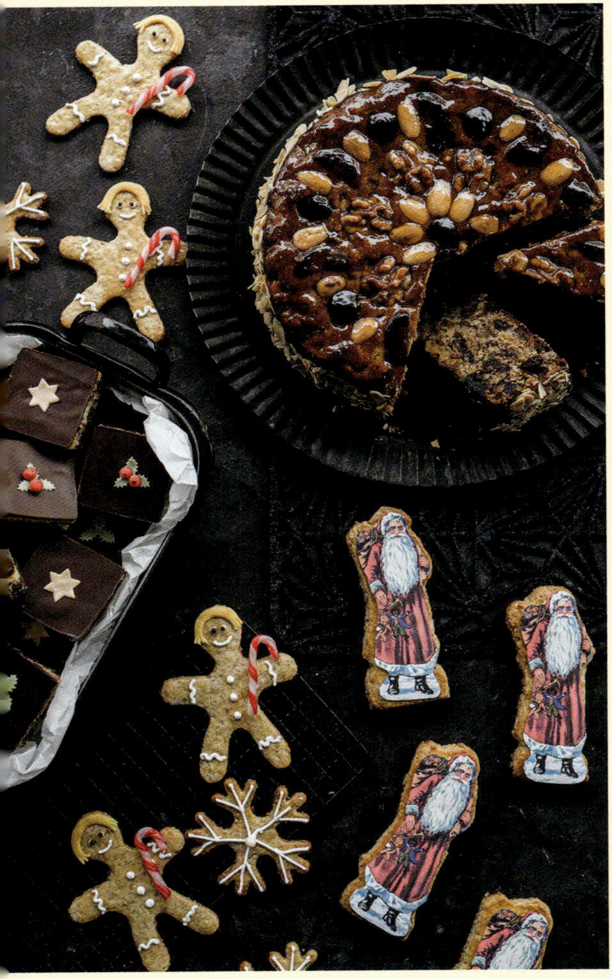

Aus allen Teilen Baden-Württembergs haben Sie uns Rezepte geschickt. Oft sind es alte und bewährte Familienrezepte, oft waren sie äußerst liebevoll gestaltet und die Zubereitung der Gebäcke ausführlich beschrieben. So manches Kleinod war darunter, ob seit Generationen im Land bewährt, aus aller Welt zu uns nach Süddeutschland gekommen oder als neu geschaffene Kreation.

Joachim Habiger backt für Sie:

English Cake *42*

Gingerbread *98*

Schokoladenbrot *122*

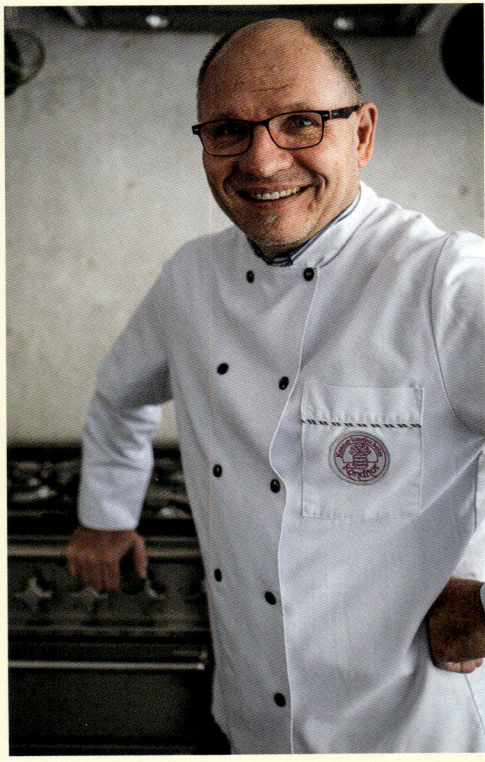

An dieser Stelle möchten wir – der Verlag, die LandFrauen und SWR4 Baden-Württemberg – Ihnen allen ein herzliches Dankeschön ausssprechen! Wir haben uns sehr über Ihr Engagement gefreut und hätten gerne alle Einsendungen in das Buch aufgenommen. Leider war dies aus Platzgründen nicht möglich und wir haben aus rund 500 Backrezepten eine bunte Mischung ausgewählt.

Ich bin sicher, der »Himmlische Südwesten« enthält viele Anregungen. Für jeden ist etwas dabei, und auch die Kleinsten können beim Backen, vermutlich mit roten Bäckchen, mithelfen. Ein Backbuch für die ganze Familie!

Eine frohe Weihnachtszeit mit vielen leckeren Plätzchen wünscht Ihnen

Michael Gfrörer
Programmchef SWR4

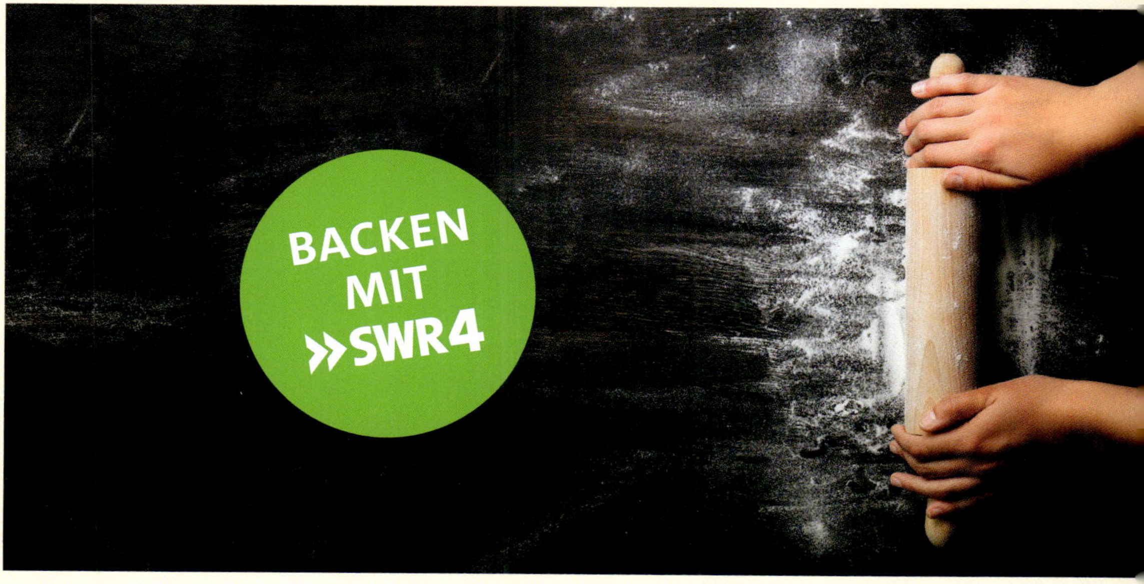

BACKEN
MIT
>>SWR4

Köstliche Klassiker

Gaggstatter Bollen

Ruth Stahl, Kirchberg-Gaggstatt

Zutaten: *350 g Margarine · 6 Eier · 350 g Zucker · 1 Päckchen Vanillezucker · 350 g Mehl · 3 TL Backpulver · 750 g Kokosfett · 750 g Puderzucker, gesiebt · 120 g Kakaopulver (ungesüßt) · 600 g Kokosflocken*

Zubereitung: Die Margarine mit den Eiern, dem Zucker und dem Vanillezucker schaumig rühren. Dann das Mehl und das Backpulver zufügen und zu einem glatten Teig verarbeiten.

Auf ein mit Backpapier ausgelegtes tiefes Backblech geben und im auf 180 °C (Ober-/Unterhitze) vorgeheizten Backofen 25–30 Minuten backen.

Den Kuchen abkühlen lassen und in 5 cm große Würfel schneiden.

Für den Guss das Kokosfett über einem Wasserbad schmelzen, aber nicht erhitzen. Wenn das Fett vollständig geschmolzen ist, den Puderzucker darübersieben, das Kakaopulver zugeben und alles gut verrühren.

Die Kokosflocken auf einen tiefen Teller geben. Die Kuchenwürfel mit zwei Gabeln in den Guss tauchen, etwas abtropfen lassen und dann in den Kokosflocken wenden. Die fertigen gagstatter Bollen auf einem Kuchengitter auskühlen lassen.

Tipps & Tricks: Sollte der Guss klumpen, kann man ihn trotzdem verwenden, da die Kokosflocken das verdecken.

Die Bollen am besten in drei Etappen glasieren und dabei zu zweit arbeiten.

Spitzbuben

Gudrun Laible, Helmstadt-Bargen
Ehrenpräsidentin LandFrauenverband
Württemberg-Baden

Zutaten: *420 g Mehl, gesiebt · 210 g Zucker · 250 g kalte Butter, in Flöckchen · 1 Ei · 125 g gemahlene Haselnüsse · Marmelade nach Belieben · Zucker-Vanillezucker-Mischung*

Zubereitung: Das Mehl, den Zucker, die Butter, das Ei und die Haselnüsse zu einem glatten Teig verkneten, diesen zu einer Kugel formen und in Frischhaltefolie gewickelt 1 Stunde kalt stellen.

Kurz durchkneten und auf einer bemehlten Arbeitsfläche 3 mm dick auswellen. Ausstechen und die Hälfte der Plätzchen mit je 1–3 kleinen Löchern versehen.

Auf ein mit Backpapier ausgelegtes Backblech geben und im auf 180 °C (Ober-/Unterhitze) vorgeheizten Backofen in 10–12 Minuten blassgelb backen.

Die Marmelade auf die noch heißen, nicht durchlöcherten Plätzchen streichen. Die übrigen Plätzchen aufsetzen, etwas andrücken und sofort in der Zuckermischung wälzen.

Spritzgebäck

Roswitha Teufel, Rottenburg-Obernau
Stellvertretende Kreisvorsitzende,
Landfrauen Tübingen e. V.

Zutaten: *300 g weiche Butter · 180 g Puderzucker · 1 Ei · 3 Eigelb · 1 Prise Salz · 1 Röhrchen Butter-Vanille-Aroma · 450 g Mehl · 200 g Zartbitter-Kuvertüre, geschmolzen*

Zubereitung: Die Butter mit dem Puderzucker und dem Ei glatt rühren. Die Eigelbe nach und nach zugeben und das Salz und das Butter-Vanille-Aroma zufügen.

Wenn die Masse schön aufgeschlagen ist, langsam das Mehl unterrühren.

Den Teig in einen Spritzbeutel füllen und mit etwas Abstand zueinander Formen nach Belieben auf ein mit Backpapier ausgelegtes Backblech spritzen.

Das Spritzgebäck im auf 180 °C (Ober-/Unterhitze) vorgeheizten Backofen in 10–15 Minuten goldbraun backen. Auskühlen lassen.

Nach Belieben in die geschmolzene Kuvertüre eintauchen und verzieren.

Florentiner deliziosi

Joachim Feinauer

Zutaten: *Schokoladenmürbeteig:*
65 g Puderzucker · 125 g weiche
Butter · ½ Ei (25 g) · 180 g Mehl · 10 g
Kakaopulver (ungesüßt) · 1 Msp. Zimt ·
1 Prise Salz · 50 g Aprikosenkonfitüre ·
Florentinermasse: 65 g Zucker ·
50 g weiche Butter · 80 g Honig ·
50 g Sahne · 1 Prise Salz · 1 Päckchen
Vanillezucker · 120 g gehobelte Man-
deln · 60 g gestiftelte Mandeln · 40 g
Orangeat, fein gehackt

Zubereitung: Den Puderzucker mit
der Butter glatt rühren und das halbe
Ei zufügen. Dann Mehl mit Kakaopulver, Zimt und Salz mischen und
kurz unter die Masse kneten. Den
Teig flach drücken und in Frischhaltefolie gewickelt 2 Stunden kalt stellen.

Den Teig zu einem etwa 3 ½ mm
dicken und 35 x 30 cm großen Viereck
auswellen. An den Rändern gerade
schneiden und auf ein mit Backpapier
ausgelegtes Backblech geben.

Im auf 180 °C (Ober-/Unterhitze)
vorgeheizten Backofen 8 Minuten
vorbacken. Den gebackenen Boden
auskühlen lassen und dann mit der
Aprikosenkonfitüre bestreichen.

Für die Florentinermasse Zucker,
Butter, Honig, Sahne, Salz und Vanillezucker in einem Topf bei niedriger
Temperatur so lange kochen, bis die
Masse eine Bindung bekommt und
sich leicht bräunlich verfärbt. Abkühlen lassen.

Die gehobelten und gestiftelten
Mandeln mit dem Orangeat mischen.
Wenn die Florentinermasse etwas
abgekühlt ist, Orangeat und Mandeln
unterrühren und mit angefeuchteten
Fingern gleichmäßig auf dem Teigboden verteilen.

Im auf 180 °C (Ober-/Unterhitze)
vorgeheizten Backofen in etwa
20 Minuten goldbraun und knusprig
backen. Noch warm in gleich große
Quadrate schneiden.

Tipps & Tricks: Mit einer Gabel
Löcher in den Teigboden stechen,
dann wirft er keine Blasen und die
Florentinermasse lässt sich später
besser auftragen.

Das Orangeat durch den Fleischwolf
drehen. Es wird feiner und man beißt
später nicht auf grobe Stückchen.

Die Florentiner zwischen Backpapier
in Dosen aufbewahren, dann halten
sie länger und werden mit der Zeit
immer weicher.

Buttergebäck

Hildegard Ochs, Marxzell

Zutaten: *375 g weiche Butter · 190 g Zucker · 5 Eigelb · 500 g Mehl, gesiebt · Eigelb zum Bestreichen*

Zubereitung: Die Butter mit dem Zucker schaumig rühren und nach und nach die Eigelbe zugeben. Das Mehl langsam zufügen. Wenn der Teig fester wird, mit den Händen zügig zu einem glatten Teig verkneten. Diesen zu einer Kugel formen und in Frischhaltefolie gewickelt 2 Stunden kalt stellen.

Den Teig in Scheiben schneiden, auf einer bemehlten Arbeitsfläche 3 mm dick auswellen. Nach Belieben ausstechen, auf ein mit Backpapier ausgelegtes Backblech geben und mit Eigelb bestreichen.

Das Buttergebäck im auf 175 °C (Ober-/ Unterhitze) vorgeheizten Backofen etwa 15 Minuten backen, bis es eine schöne Farbe hat und lecker duftet.

Zitronenherzen

`GLUTENFREI`

Annegret Ritter, Seewald-Besenfeld

Zutaten: *3 Eigelb · 120 g Zucker · 1 TL Vanillezucker · ½ TL Zitronensaft · 250 g gemahlene Haselnüsse (alternativ Mandeln) · Puderzucker zum Bestauben ·* **Guss:** *150 g Puderzucker · 2–3 EL Zitronensaft*

Zubereitung: Das Eigelb, den Zucker und den Vanillezucker schaumig rühren. Den Zitronensaft und die Haselnüsse zufügen und alles zu einem glatten Teig verkneten.

Den Teig 2-3 mm dick auf einer mit Puderzucker bestaubten Arbeitsfläche auswellen und Herzen ausstechen.

Auf ein mit Backpapier ausgelegtes Backblech geben und im auf 170 °C (Ober-/ Unterhitze) vorgeheizten Backofen in etwa 12 Minuten blassgelb backen.

Für den Guss den Puderzucker mit dem Zitronensaft glatt rühren. Die noch warmen Zitronenherzen auf ein Gitter legen und mit dem Guss bestreichen.

Albertle

Gudrun Krockenberger, Schwetzingen

Zutaten: *125 g weiche Butter · 250 g Zucker · 4 Eier · 2 Päckchen Vanillezucker · 250 g Mehl · 250 g Stärkemehl · 3 EL süße Sahne · 1 Päckchen Backpulver*

Zubereitung: Die Butter mit dem Zucker schaumig rühren und nach und nach die Eier und die übrigen Zutaten untermischen. Auf einer bemehlten Arbeitsfläche zu einem glatten Teig verkneten und abgedeckt 1 Stunde ruhen lassen. Wenn der Teig klebt, noch mehr Mehl daruntermischen.

Den Teig sehr dünn auswellen, mit einem Reibeisen ein Muster aufdrücken und Plätzchen ausstechen.

Die Albertle auf ein mit Backpapier ausgelegtes Backblech geben und im auf 200 °C (Ober-/Unterhitze) vorgeheizten Backofen etwa 15 Minuten backen.

Schwarz-weiße Gebäckblüten

Isolde Bauer, Spiegelberg

Zutaten: *300 g Mehl · 1 Ei · 100 g Puderzucker · 1 Prise Salz · 200 g Butter · 20 g Kakaopulver (ungesüßt)*

Zubereitung: Alle Zutaten bis auf das Kakaopulver gut verkneten. Den Teig halbieren und unter die eine Hälfte das Kakaopulver kneten. Den Teig zu Kugeln formen und in Frischhaltefolie gewickelt 2 Stunden kalt stellen.

Den Teig zu haselnussgroßen Kügelchen formen und farblich abwechselnd zu »Blüten« zusammensetzen. Diese mithilfe von Backpapier leicht platt drücken.

Die Blüten auf ein mit Backpapier ausgelegtes Backblech geben und im auf 180 °C (Ober-/Unterhitze) vorgeheizten Backofen 12–15 Minuten backen.

Tipps & Tricks: Es sind nicht nur sehr hübsche und dekorative *Gutsles* – die Blüten sind auch mürb, zart und *bodaguat*!

Zimtsterne mit Schuss

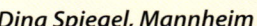

Dina Spiegel, Mannheim

Zutaten: *2 Eiweiß · 250 g Zucker · 1 EL Zimt · 250 g gemahlene Mandeln · 1 EL Kirschwasser · Abrieb von 1 unbehandelten Zitrone · Zucker zum Auswellen*

Zubereitung: Das Eiweiß steif schlagen, den Zucker und den Zimt zufügen und einige Minuten weiterschlagen. 5 EL Eischnee für die Glasur beiseitestellen.

Den übrigen Eischnee mit den Mandeln, dem Kirschwasser und dem Zitronenabrieb zu einem glatten Teig verarbeiten. Etwa 15 Minuten bei Raumtemperatur ruhen lassen.

Den Teig auf einer mit Zucker bestreuten Arbeitsfläche ½–1 cm dick auswellen und Sterne ausstechen. Weitere 30 Minuten ruhen lassen. Vor dem Backen mit dem beiseitegestellten Eischnee bestreichen.

Die Zimtsterne auf ein mit Backpapier ausgelegtes Backblech geben und im auf 150 °C (Ober-/Unterhitze) vorgeheizten unteren Teil des Backofens 10–15 Minuten backen.

Tipps & Tricks: Das Kirschwasser im Teig sorgt dafür, dass die Zimtsterne nicht hart werden, sondern angenehm weich bleiben.

Springerle

Nadine Bürkle, Calw

Zutaten: *4 Eier · 500 g Puderzucker, gesiebt · 1 Msp. Hirschhornsalz · 500 g Mehl, gesiebt · Speisestärke zum Bestauben · 2 TL Anissamen*

Zubereitung: Alle Zutaten sollten Raumtemperatur haben.

Die Eier gut schaumig schlagen und dabei den Puderzucker nach und nach zugeben. Die Masse mindestens 20 Minuten schlagen. Das Hirschhornsalz in 2 EL Wasser auflösen und nach etwa 10 Minuten zugeben. Das Mehl esslöffelweise unterrühren. Den Teig in eine Schüssel mit gut schließendem Deckel geben und mit Frischhaltefolie abgedeckt 2 Stunden kalt stellen.

Eine kleine Portion des Teigs abschneiden (Schüssel sofort wieder abdecken, Teig trocknet schnell aus) und auf einer mit Speisestärke bestaubten Arbeitsfläche 7–10 mm dick auswellen. Den Teig und ein Springerle-Model mit der Stärke leicht bestauben. Dann das Model fest in den Teig drücken. Die Springerle mit einem Messer ausschneiden und auf einem mit Speisestärke bestaubten Küchentuch ein bis zwei Tage lang trocknen lassen.

Vor dem Backen die Unterseite der Springerle befeuchten, indem man sie kurz auf ein feuchtes Küchenhandtuch setzt. Die Anissamen auf ein mit Backpapier ausgelegtes Backblech streuen und die Springerle nach dem Anfeuchten daraufsetzen.

Im auf 150 °C (Ober-/Unterhitze) vorgeheizten Backofen etwa 10 Minuten backen. Dann den Backofen auf 125 °C runterschalten und weitere 10 Minuten backen (trocknen). 5 Minuten vor Ende der Backzeit die Springerle mit Backpapier abdecken, damit sie schön hell bleiben.

Abkühlen lassen und in einer luftdurchlässigen Dose an einem kühlen Ort aufbewahren.

Dominosteine

Wilma Kaufmann, Heidenheim

Zutaten: *125 g Margarine · 100 g Zucker · 1 TL Vanillezucker · 2 Eier · 50 g Speisestärke · 150 g Mehl · 3 TL Backpulver · 1 TL Orangenschalen-Aroma · 30 g gemahlene Mandeln · 50 ml Milch · 3 TL Kakaopulver (ungesüßt) · Füllung: 100–200 g Nussnougatcreme · 200 g Marzipanrohmasse · 1–2 TL Rum · 100 g Puderzucker · Verzierung: Schokoladenglasur · Puderzucker · Zitronensaft*

Zubereitung: Die Margarine in eine Schüssel geben. Zucker, Vanillezucker, Eier, Speisestärke, Mehl, Backpulver, Orangenschalenaroma, Mandeln und Milch zugeben. Alles gut verrühren. Den Teig halbieren und unter die eine Hälfte das Kakaopulver rühren.

Ein Backblech mit Backpapier auslegen, dabei in der Mitte des Blechs einen Rand hochbiegen, sodass das Blech in zwei gleich große Hälften unterteilt wird. In die eine Hälfte den hellen Teig, in die andere den dunklen Teig füllen und im auf 200 °C (Ober-/Unterhitze) vorgeheizten Backofen 10 Minuten backen. Abkühlen lassen.

Für die Füllung die Hälfte der Nussnougatcreme auf die helle Teigplatte streichen. Das Marzipan mit dem Rum und dem Puderzucker verkneten. In der Größe der hellen Teigplatte auswellen und auflegen. Die Marzipanschicht mit der restlichen Nussnougatcreme bestreichen und die dunkle Teigplatte aufsetzen. An den Rändern gerade schneiden und die Platte in dominosteingroße Stücke (2 x 2 cm) schneiden.

Die Schokoladenglasur schmelzen und die Teigstücke damit überziehen. Aus Puderzucker und etwas Zitronensaft einen dicken Guss zubereiten und in einen Gefrierbeutel geben. Dann eine kleine Ecke des Beutels abschneiden und die Küchlein mit Punkten zu »Dominosteinen« verzieren.

Kokosmakronen

GLUTENFREI

Werner Schaal, Tübingen

Zutaten: *4 Eiweiß · 250 g Zucker · 1 Päckchen Vanillezucker · 1 Prise Salz · 200 g Kokosraspel · 100 g kernige Haferflocken*

Zubereitung: Das Eiweiß steif schlagen. Nach und nach den Zucker, den Vanillezucker und das Salz zugeben und weiterschlagen, bis sich die Zuckerkristalle aufgelöst haben. Dann die Kokosraspel und die Haferflocken unterheben.

Mit zwei Teelöffeln kleine Häufchen auf ein mit Backpapier ausgelegtes Backblech setzen und im auf 160 °C (Ober-/Unterhitze) vorgeheizten Backofen 20–30 Minuten backen.

Bärentatzen

GLUTENFREI

Dieter Frasch, Lenningen-Brucken

Zutaten: *4 Eiweiß · 1 Prise Salz · 330 g Zucker (alternativ 150 g Stevia) · 2 Prisen gemahlene Bourbon-Vanille · 200 g gemahlene Mandeln · 130 g gemahlene Haselnüsse · Abrieb von ½ unbehandelten Zitrone · 200 g Blockschokolade, fein gerieben · 1 TL Zimt · 2 Msp. gemahlene Nelken · 1 Msp. gemahlener Piment · 3 TL Kakaopulver (ungesüßt) · 100 g Zucker zum Wälzen*

Zubereitung: Das Eiweiß mit dem Salz steif schlagen und den Zucker dabei einrieseln lassen. Vanille, Mandeln, Haselnüsse, Zitronenabrieb, Schokolade, Gewürze und Kakaopulver mischen. Den Eischnee unter die Mischung heben. Den Teig abgedeckt 2 Stunden kalt stellen.

Den Teig zu walnussgroßen Kugeln formen, in Zucker wälzen und in gefettete Bärentatzenformen (Madeleineformen) drücken. Die Tatzen auf ein mit Backpapier ausgelegtes Backblech stürzen und über Nacht bei Raumtemperatur trocknen lassen.

Im auf 160 °C (Ober-/Unterhitze) vorgeheizten Backofen etwa 17 Minuten backen.

Vanillekipferl

Klara Schönmetz, Münsingen

Zutaten: *280 g Mehl · 100 g gemahlene Mandeln · 70 g Zucker · 1 Prise Salz · 200 g kalte Butter · 2 Eigelb · 2 Päckchen Vanillezucker · 50 g Puderzucker*

Zubereitung: Das Mehl auf eine Arbeitsfläche sieben. Die Mandeln, den Zucker, das Salz, die Butter in Flöckchen und das Eigelb darüber geben. Alles zu einem glatten Teig verkneten, zu einer Kugel formen und in Frischhaltefolie gewickelt 2 Stunden kalt stellen.

Den Teig vierteln und zu 5 cm dicken Rollen formen. Die Teigrollen in 2 cm breite Stücke schneiden und zu Kipferl (Hörnchen) formen. Die Kipferl auf ein mit Backpapier ausgelegtes Backblech geben und im auf 180 °C (Ober-/Unterhitze) vorgeheizten Backofen etwa 10 Minuten backen.

Den Vanillezucker mit dem Puderzucker mischen und die noch warmen Kipferl vorsichtig darin wenden.

Gewürzspekulatius

Isabella Voigt, Nellingen

Zutaten: *400 g Mehl · 1 TL Backpulver · 200 g kalte Butter · 2 Eier · 1 TL Zimt · 200 g brauner Zucker · ½ TL Orangenabrieb · ½ TL Zitronenabrieb · 1 Msp. gemahlener Kardamom · ½ TL gemahlene Nelken · 1 Msp. gemahlener Koriander · 1 Msp. gemahlene Muskatnuss · 100 g gehobelte Mandeln*

Zubereitung: Das Mehl mit dem Backpulver in eine Schüssel sieben. Die Butter in Flöckchen darüber verteilen. Dann die übrigen Zutaten bis auf die Mandel zufügen und alles zu einem glatten Teig verkneten. Diesen zu einer Kugel formen und in Frischhaltefolie gewickelt 2 Stunden kalt stellen.

Eine Spekulatiusform einfetten, mit Mehl bestauben und den Teig in kleinen Portionen hineindrücken und auswellen. Aus der Form stürzen und die untere Seite der Plätzchen in die Mandeln drücken.

Auf ein mit Backpapier ausgelegtes Backblech geben und im auf 200 °C (Ober-/Unterhitze) vorgeheizten Backofen 10–15 Minuten backen.

Husarenhütchen

Kerstin Michl, Böhmenkirch

Zutaten: *200 g weiche Butter · 100 g Zucker · 2 Päckchen Vanillezucker · 4 Eigelb · 150 g Mehl · 1 Msp. Zimt · 110 g Haferflocken · 100 g Kirschgelee · gehobelte Mandeln · Puderzucker*

Zubereitung: Butter, Zucker, Vanillezucker und Eigelb verrühren. Mehl, Zimt und Haferflocken mischen, zur Buttermischung geben und alles zu einem glatten Teig verkneten. Den Teig halbieren, zu 4 cm dicken Rollen formen und diese in Frischhaltefolie gewickelt 1 Stunde kalt stellen.

Die Teigrollen in 1 cm dicke Scheiben schneiden, zu Kugeln formen und auf ein mit Backpapier ausgelegtes Backblech geben. Mit einem bemehlten Kochlöffelstiel kleine Mulden in die Mitte der Kugeln drücken.

Im auf 180 °C (Ober-/Unterhitze) vorgeheizten Backofen etwa 12 Minuten backen.

Das Kirschgelee etwas erwärmen und in die Mulden der Plätzchen füllen. Die Mandeln in einer Pfanne ohne Fett goldbraun anrösten und über die Husarenhütchen streuen. Mit Puderzucker bestauben.

Schokoladenmuscheln

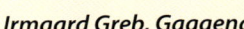

GLUTENFREI

Irmgard Greb, Gaggenau

Zutaten: *8 Eiweiß · 250 g Zucker · Abrieb und Saft von 1 unbehandelten Zitrone · 180 g Schokolade, geraspelt · 10 g Zimt · 500 g gemahlene Mandeln · feiner Zucker*

Zubereitung: Das Eiweiß steif schlagen. Den Zucker, den Abrieb und den Saft der Zitrone zufügen und schaumig rühren. Die Schokolade und den Zimt unterrühren, dann die Mandeln unterheben. Den Teig abgedeckt über Nacht kalt stellen.

Muschelformen (Madeleineformen) mit etwas Zucker ausstreuen. Den Teig portionsweise in die Formen drücken und die Muscheln vorsichtig herausklopfen.

Die Schokoladenmuscheln auf ein mit Backpapier ausgelegtes Backblech geben und im auf 180 °C (Ober-/Unterhitze) vorgeheizten Backofen 15–16 Minuten backen.

Tipps & Tricks: Die Schokoladenmuscheln im Ofen gut beobachten. Wenn sie auf Fingerdruck noch leicht nachgeben, herausnehmen, sonst werden sie zu hart.

Spitzbuben mit Hägenmark   OHNE EI

Claudia Kühlmann-Kienzle, Ostelsheim

Zutaten: *360 g Mehl, gesiebt · 250 g kalte Butter, in Flöckchen · 180 g Zucker · 1 Päckchen Vanillezucker · 125 g geschälte und geriebene Mandeln · Hägenmark (Hagebuttenmark) · Puderzucker zum Bestauben*

Zubereitung: Das Mehl, die Butter, den Zucker, den Vanillezucker und die Mandeln zu einem glatten Teig verkneten, diesen zu einer Kugel formen und in Frischhaltefolie gewickelt 1 Stunde kalt stellen.

Kurz durchkneten und auf einer bemehlten Arbeitsfläche 3 mm dick auswellen. Ausstechen, wobei die Hälfte der Plätzchen eine kleinere Form haben soll.

Auf ein mit Backpapier ausgelegtes Backblech geben und im auf 200 °C (Ober-/Unterhitze) vorgeheizten Backofen in 10–12 Minuten blassgelb backen. Abkühlen lassen.

Das Hägenmark auf die größeren Plätzchen streichen. Die übrigen Plätzchen aufsetzen, etwas andrücken und mit Puderzucker bestauben. 1–2 Tage in einer luftdicht schließenden Dose durchziehen lassen.

Fruchtige Husarenkrapfen

Heike Holler, Gondelsheim

Zutaten: *140 g Mehl · 70 g gemahlene Haselnüsse · 70 g Zucker · Abrieb von 1 unbehandelten Zitrone · 140 g weiche Butter · 2 Eigelb · 70 g gehackte Haselnüsse · 3 EL Ingwermarmelade · 3 EL Hagebuttenkonfitüre*

Zubereitung: Das Mehl, die Nüsse, den Zucker und den Zitronenabrieb mischen. Die Butter und das Eigelb zufügen und alles vermengen. Mit den Händen rasch zu einem glatten Teig kneten und diesen in Frischhaltefolie gewickelt 1 Stunde kalt stellen.

Aus dem Teig etwa 30 Kügelchen (2 cm Ø) formen. In den Haselnüssen wälzen und diese leicht andrücken.

Die Kügelchen auf ein mit Backpapier ausgelegtes Backblech legen. Mithilfe eines Kochlöffelstiels kleine Mulden in die Mitte der Kugeln drücken und die eine Hälfte mit Ingwermarmelade, die andere Hälfte mit Hagebuttenkonfitüre füllen.

Im auf 180 °C (Ober-/Unterhitze) vorgeheizten Backofen etwa 20 Minuten backen.

Sofort nach dem Backen die Mulden noch mal etwas auffüllen.

Badener Chräbeli

Gerda Mach, Karlsdorf-Neuhard

Zutaten: *250 g Zucker · 2 Eier · 250 g Mehl, gesiebt · 1 EL Anissamen · Abrieb von ½ unbehandelten Zitrone*

Zubereitung: Den Zucker mit den Eiern schaumig rühren. Das Mehl löffelweise unterheben, die Anissamen und den Zitronenabrieb zufügen und alles zu einem glatten Teig verarbeiten.

Den Teig zu fingerdicken Rollen formen und in 5–6 cm lange Stücke teilen. Diese zu kleinen Halbmonden formen und auf ein gefettetes Backblech geben.

Die Oberseiten mit einem scharfen Messer dreimal schräg einschneiden und bei Raumtemperatur über Nacht ruhen lassen.

Im auf 140 °C (Umluft) vorgeheizten Backofen 15–20 Minuten backen.

Zimtsterne

Anita Schimpf, Tauberbischofsheim

Zutaten: *3 Eier · 400 g Zucker · 500 g geriebene Haselnüsse · 2 EL Mehl · 1 gestrichener TL Zimt ·* **Guss:** *2 Eiweiß (Größe L) · 150–200 g Puderzucker*

Zubereitung: Die Eier trennen und das Eiweiß zu steifem Schnee schlagen. Den Zucker einrieseln lassen, das Eigelb zufügen und einige Minuten weiterschlagen. Dann die Haselnüsse, das Mehl und den Zimt unterrühren und alles zu einem glatten Teig verarbeiten.

Den Teig auf einer leicht bemehlten Arbeitsfläche 1 cm dick auswellen, Sterne ausstechen und auf ein mit Backpapier ausgelegtes Backblech geben.

Für den Guss das Eiweiß mit dem Puderzucker aufschlagen, bis die Masse dick ist und Spitzen zieht. Die Sterne mit der Eiweißglasur bestreichen.

Im auf 160 °C (Ober-/Unterhitze) vorgeheizten Backofen etwa 30 Minuten backen.

Tipps & Tricks: Der Teig lässt sich leichter dünn auswellen, wenn man ihn zwischen zwei Lagen Backpapier legt.

Florentiner

OHNE EI

Bärbel Merkle, Eisingen

Zutaten: *125 g Sahne · 120 g Zucker · 30 g Honig · 30 g Butter · 50 g Orangeat · 50 g Zitronat · 100 g Belegkirschen · 50 g kandierter Ingwer · 150 g gehobelte Mandeln · 60 g Mehl · 200 g Zartbitter-Kuvertüre*

Zubereitung: Die Sahne, den Zucker, die Butter und den Honig in einen Topf geben und vorsichtig erhitzen. Orangeat, Zitronat, Belegkirschen, Ingwer und Mandeln hinzufügen. Dann das Mehl unterrühren und die Masse noch mal vorsichtig erhitzen.

Ein Backblech mit Backpapier auslegen. Mit zwei Teelöffeln kleine runde Häufchen mit etwas Abstand zueinander darauf verteilen.

Im auf 160 °C (Ober-/Unterhitze) vorgeheizten Backofen etwa 15 Minuten backen, bis sie goldgelb sind und die Ränder sich braun färben. Auskühlen lassen.

Die Kuvertüre über einem Wasserbad schmelzen und die Florentiner damit in Schlieren verzieren.

Aniskipferl

Irene Urauf-Ried, Neu-Ulm

Zutaten: *Vorteig: 45 g Hefe · 2 EL lau-warme Milch · 50 g Mehl · 25 g Zucker · Teig: 450 g Mehl · 100 g Zucker · 1 Ei · 125 g Butter · 10 g gemahlener Anis · 1 Eigelb zum Bestreichen*

Zubereitung: Alle Zutaten für den Vor-teig miteinander verkneten und abgedeckt 1 Stunde gehen lassen.

Für den Teig das Mehl, den Zucker, das Ei, die Butter, den Anis und den Vorteig zu einem glatten Teig verkneten und diesen abgedeckt 2 Stunden gehen lassen.

Den Teig vierteln und zu 5 cm dicken Rollen formen. Die Teigrollen in 2 cm breite Stücke schneiden und zu Kipferln (Hörnchen) for-men. Die Kipferl auf ein gefettetes und mit Mehl bestaubtes Backblech geben und noch einmal 1 Stunde gehen lassen.

Die Aniskipferl mit dem Eigelb bestreichen und im auf 180 °C (Ober-/Unterhitze) vorge-heizten Backofen 12–15 Minuten backen.

Herzoginnenplätzchen

Elfriede Weick, Rosenberg

Zutaten: *4 Eiweiß · 150 g Puderzucker · 1 Päckchen Vanillezucker · 150 g gemahlene Haselnüsse · 65 g Butter · 40 g Mehl · 100 g Schokolade*

Zubereitung: Das Eiweiß steif schlagen. Dann den Puderzucker, den Vanillezucker und die Haselnüsse unterheben.

Die Butter schmelzen, aber nicht erhitzen und unter die Eiweißmasse heben. Dann das Mehl vorsichtig unterheben und den Teig abgedeckt kalt stellen.

Den Teig mit einem Spritzbeutel in kleinen Streifen auf ein mit Backpapier ausgelegtes Backblech spritzen.

Im auf 170 °C (Ober-/Unterhitze) vorge-heizten Backofen 10–12 Minuten backen. Auskühlen lassen.

Die Schokolade über einem Wasserbad schmelzen und jeweils zwei Plätzchen damit zusammenkleben.

Walnusshäufle

GLUTENFREI

Ursula Thiel, Mundelsheim

Zutaten: *3 Eiweiß · 1 Prise Salz · 120 g Zucker · 250 g gemahlene Walnüsse*

Zubereitung: Das Eiweiß mit dem Salz und dem Zucker zu einer steifen Masse schlagen. Die Walnüsse unterheben.

Aus der Masse kleine Häufle formen und auf ein mit Backpapier ausgelegtes Backblech geben. Je eine halbe Walnuss obenauf setzen und die Walnusshäufle etwa 3 Stunden bei Raumtemperatur trocknen lassen.

Im auf 175 °C (Ober-/Unterhitze) vorgeheizten Backofen 15–20 Minuten backen.

Vanille-Haselnuss-Spritzgebäck

Manuela Kellermann, Dünsbach

Zutaten: *250 g Butter · 2 Eier · 250 g Zucker · 1 Päckchen Vanillezucker oder 1 TL Vanillepaste · 250 g gemahlene Haselnüsse · 500 g Mehl · Schokoladenglasur*

Zubereitung: Die Butter, die Eier, den Zucker und den Vanillezucker schaumig rühren. Die Haselnüsse und das Mehl unterheben.

Den Teig durch einen Fleischwolf mit Spritzgebäckvorsatz drehen, in Stücke schneiden und nach Belieben formen.

Auf ein mit Backpapier ausgelegtes Backblech geben und im auf 175 °C (Ober-/Unterhitze) vorgeheizten Backofen 15–20 Minuten backen. Abkühlen lassen.

Die Schokoladenglasur über einem Wasserbad schmelzen und das Spritzgebäck nach Belieben eintauchen und verzieren.

Tipps & Tricks: Wenn man Vanillezucker UND Vanillepaste verwendet, kommt der Vanillegeschmack noch besser zur Geltung.

Früchtebrot, Stollen & Co.

Badische Linzer Torte

Rosa Karcher, Achern-Oberachern
Präsidentin LandFrauenverband
Südbaden

Zutaten: *250 g Butter · 2 Eier · 200 g Zucker · ½ TL Zimt · 1 Prise gemahlene Nelken · 1 Prise Salz · 40 ml Schwarzwälder Kirschwasser · 125 g gemahlene Walnüsse · 125 g gemahlene Mandeln · 300 g Mehl · ½ Päckchen Backpulver · 300 g Johannisbeergelee oder Himbeermarmelade · 2 EL Milch*

Zubereitung: Die Butter und den Zucker schaumig rühren. Dann die Eier, Zimt, gemahlene Nelken, Salz, Kirschwasser und gemahlene Nüsse unterrühren. Das Mehl und das Backpulver darübersieben und alles gut verkneten. Den Teig zu einer Kugel formen und ½ Stunde in Frischhaltefolie gewickelt kalt stellen.

Den Teig in zwei Hälften teilen. Aus der einen Hälfte einen ½ cm dicken Boden auswellen. Eine gut gefettete Springform (24 cm Ø) damit belegen und einen Rand hochziehen. Den Boden mit der Marmelade bestreichen.

Die zweite Hälfte des Teigs ebenso auswellen und daraus 1 ½ cm breite Streifen ausrädeln. Die Torte damit gitterartig belegen, am Rand andrücken und mit Milch bestreichen.

Die badische Linzer Torte im auf 180 °C (Ober-/Unterhitze) vorgeheizten Backofen etwa 45 Minuten backen.

Tipps & Tricks: Anstelle des Gitters kann man mit kleinen Ausstechern geformte Teigmotive (Sterne, Nikoläuse …) auf den mit Marmelade bestrichenen Boden legen.

Die Linzer Torte lässt sich gut vorbacken und in einem Kuchenbehälter im kühlen Raum wunderbar lagern.

Apfel-Birnen-Brot

VEGAN

Elvira Alber, Buchheim

Zutaten: *Vorteig: 50 g Dinkel-Vollkornmehl · 50 ml Apfelsaft · 2 g Hefe · Früchtemischung: 320 g Äpfel · 320 g Birnen · 220 g Rosinen · 220 g Nüsse · 200 g Zucker · Teig: 370 g Dinkelmehl (Type 630) · 8 g Salz · 5 g Stollengewürz · 10 g Backpulver · 20 g Kakaopulver (ungesüßt) · 230–250 ml Apfelsaft · Garnierung: Aprikosenkonfitüre · gehobelte oder gemahlene Mandeln*

Zubereitung: Für den Vorteig alle Zutaten verkneten, den Teig zu einer Kugel formen und über Nacht in Frischhaltefolie gewickelt kalt stellen.

Für die Früchtemischung die Äpfel und die Birnen waschen, schälen, vom Kerngehäuse befreien und fein würfeln. Die Obstwürfel mit den Rosinen, den Nüssen und dem Zucker in einer Schüssel vermischen.

Die Früchtemischung mit dem Vorteig und allen Zutaten für den Teig in eine große Schüssel geben und vermengen.

Den Teig vierteln und aus den Teigstücken kleine Laibe formen. Früchte, die sich an der Oberfläche befinden, hineindrücken, damit sie beim Backen nicht anbrennen.

Die Apfel-Birnen-Brote auf ein mit Backpapier ausgelegtes Backblech geben und im auf 150 °C (Ober-/Unterhitze) vorgeheizten Backofen etwa 50 Minuten backen.

Die Aprikosenkonfitüre leicht erwärmen, die gebackenen Brote damit bestreichen und mit den Mandeln bestreuen.

Beschwipstes Apfelbrot  VEGAN

Sigrid Mühlegg, Weingarten

Zutaten: *750 g Äpfel · 250 g Zucker · 125 g gemahlene Mandeln · 250 g Sultaninen oder Cranberrys · 1 Prise Salz · 1 TL gemahlene Nelken · 1 ½ TL Zimt · 2 EL Kakaopulver (ungesüßt) · 4 cl Schnaps nach Belieben · 500 g Mehl · 1 ½ Päckchen Backpulver*

Zubereitung: Die Äpfel waschen, schälen, vom Kerngehäuse befreien und fein würfeln.

Die Obstwürfel mit allen Zutaten bis auf das Mehl und das Backpulver in einer Schüssel vermischen und 12 Stunden ziehen lassen.

Die Apfelmischung mit dem Mehl und dem Backpulver in eine Schüssel geben und vermengen. Den Teig in eine gut gefettete Backform (31 x 15 cm) füllen.

Das Apfelbrot im auf 200 °C (Ober-/Unterhitze) vorgeheizten Backofen etwa 1 Stunde backen. Falls die Oberfläche während der Backzeit zu dunkel wird, mit Alufolie abdecken. Das Apfelbrot vor dem Verzehr 4–5 Tage ruhen lassen.

Quark-Mohn-Stollen

Ingrid Chodura, Gerstetten-Dettingen

Zutaten: *Füllung: 75 g Butter, geschmolzen · 125 g Zucker · 450 g gemahlener Mohn · 75 ml Milch · 2 Eier · Teig: 500 g Mehl · 1 Päckchen Backpulver · 150 g Zucker · Abrieb von 1 unbehandelten Orange · 1 Prise Salz · 1 Päckchen Vanillezucker · 150 g Butter · 3 Eier · 250 g Magerquark · Glasur: 50 g Butter, geschmolzen · 3 EL Puderzucker*

Zubereitung: Für die Füllung alle Zutaten verrühren. Für den Teig alle Zutaten verkneten.

Für zwei kleinere Stollen den Teig halbieren und beide Stücke auf einer bemehlten Arbeitsfläche 2 cm dick eckig (20 x 30 cm) auswellen. Die Füllung darauf verteilen und glatt streichen.

Die Teigplatten an den kurzen Seiten 2 cm über die Füllung klappen. Von je einer langen Seite zu einem Drittel aufrollen. Von der anderen Seite aufrollen und die größere Rolle etwas über die kleinere legen.

Die Stollen auf ein mit Backpapier ausgelegtes Backblech geben und im auf 200 °C (Ober-/Unterhitze) vorgeheizten Backofen 10 Minuten backen. Die Ofentemperatur auf 175 °C reduzieren und in etwa weiteren 50 Minuten goldgelb backen.

Für die Glasur die noch warmen Stollen mit der geschmolzenen Butter bepinseln und den Puderzucker darübersieben.

Tipps & Tricks: Wenn die Stollen nicht gleich verzehrt werden, ist die richtige Lagerung wichtig. Sie sollten trocken, kühl und luftdicht aufbewahrt werden. Dafür eignet sich eine luftdicht schließende Dose oder auch einfach nur Alufolie. Ein kühler Ort könnte zum Beispiel der Keller sein. Im Kühlschrank haben Stollen allerdings nichts zu suchen.

Früchtebrot

VEGAN

Lutz Aldinger, Fellbach

Zutaten: *125 g getrocknete Aprikosen · 50 g Orangeat · 50 g Zitronat · 250 g Rosinen · 125 g Korinthen · 250 g Haselnüsse oder Mandeln · 125 ml Zwetschgenwasser (40 % vol) · 250 g getrocknete Birnen · 250 g getrocknete Pflaumen ohne Stein · 250 g entsteinte Datteln · 250 g Zucker · 50 g frische Hefe · 250 g Mehl · 1 EL Zimt · 1 EL Anissamen · 1 Msp. gemahlene Nelken · 1 Msp. gemahlener Ingwer · 1 Msp. gemahlener Kardamom*

Zubereitung: Die Aprikosen, das Orangeat und das Zitronat fein würfeln und in eine verschließbare Schüssel geben. Die Rosinen, die Korinthen und die Nüsse zufügen und mit dem Zwetschgenwasser übergießen. Abgedeckt über Nacht ziehen lassen.

Die Birnen, die Pflaumen und die Datteln fein würfeln und in einem großen Topf geben mit dem Zucker und 500 ml Wasser aufkochen. Die Früchte abseihen, die Flüssigkeit dabei auffangen und etwas abkühlen lassen. Von dem Saft 250 ml mit der Hefe glatt rühren, den Rest beiseitestellen.

Die Saft-Hefe-Mischung und das Mehl verrühren, zu einem weichen Teig verkneten und abgedeckt an einem warmen Ort 30 Minuten gehen lassen.

Alle Früchte in eine große Schüssel geben und vorsichtig mit dem Hefeteig mischen. Mit Zimt, Anis, Nelken, Ingwer und Kardamom würzen. Der Teig wird ziemlich feucht und klebrig.

Einen Laib oder mehrere kleine formen und auf ein gefettetes Backblech legen. Aus Alufolie eine 3 cm breite Manschette falten und um den Laib legen, damit er beim Backen nicht auseinanderläuft. Die Folie an den Enden mit einem Zahnstocher fixieren.

Das Früchtebrot im auf 175 °C (Ober-/Unterhitze) vorgeheizten Backofen etwa 1 Stunde backen.

Nach 40 Minuten mit Backpapier abdecken und in weiteren 15–20 Minuten fertig backen. Das noch warme Früchtebrot mit dem beiseitegestellten Fruchtsaft mehrmals bestreichen.

Ulmer Brot

Gisela Weiß, Bad Mergentheim-Löffelstelzen

Zutaten: *Teig:* 60 g Orangeat · 60 g Zitronat · 4 Eier · 500 g Rohrzucker · 250 g Butter · 2 EL Honig · 2 Msp. Hirschhornsalz · 150 g Rosinen · 20 g Zimt · 5 g gemahlene Nelken · 850 g Mehl · 3 EL Quittengelee · *Garnierung:* 1 Ei · Hagelzucker oder bunte Streusel

Zubereitung: Das Orangeat und das Zitronat fein hacken und in eine große Schüssel geben. Alle anderen Zutaten für den Teig zugeben, gut verrühren und dann gut durchkneten.

Den Teig in sechs Stücke teilen, zu langen Laiben formen und auf zwei gefettete Backbleche verteilen.

Für die Garnierung das Ei verquirlen, die Brote damit bestreichen und mit Hagelzucker oder bunten Streuseln bestreuen. Über Nacht an einem kühlen Ort ruhen lassen.

Die Ulmer Brote im auf 160 °C (Ober-/Unterhitze) vorgeheizten Backofen etwa 20 Minuten backen.

Die noch warmen Brote schräg aufschneiden und über Nacht an einem kühlen Ort trocknen lassen.

Hutzelbrot

Gisela Leibfritz, Balingen

Zutaten: *125 g Rosinen · 4 cl Kirschwasser · 250 g Hutzeln (getrocknete Birnen), vom Kerngehäuse und Stiel befreit · 250 g getrocknete Zwetschgen · 1 EL Honig · 50 g Hefe · 500 g Mehl · ½ TL Salz · ½ TL Zimt · ½ TL gemahlener Anis · 1 Prise gemahlene Nelken · 125 g getrocknete Aprikosen · 125 g getrocknete Feigen · 50 g Zitronat · 50 g Orangeat · 50 g Mandeln · 50 g Walnüsse · 50 g Haselnüsse*

Zubereitung: Die Rosinen mit dem Kirschwasser in einem Schälchen mischen und beiseitestellen. Die Birnen und die Zwetschgen mit dem Honig und 500 ml Wasser weich kochen. Die Früchte abseihen, den Sud dabei auffangen und etwas abkühlen lassen.

Von dem Birnen-Zwetschgen-Sud 250 ml mit der Hefe glatt rühren, den Rest beiseitestellen. Das Mehl, das Salz und die Gewürze untermischen und alles zu einem weichen Teig verkneten. Abgedeckt an einem warmen Ort 30 Minuten gehen lassen.

Die getrockneten und kandierten Früchte fein hacken und dem Hefeteig untermengen. Nochmals gut aufgehen lassen. Dann den Teig zu sechs Laiben formen und auf ein mit Backpapier ausgelegtes Backblech geben. Mit einem Tuch abdecken und über Nacht gehen lassen.

Die Hutzelbrote im auf 180 °C (Ober-/Unterhitze) vorgeheizten Backofen in etwa 1 Stunde dunkel backen.

Nach der Backzeit die Brote aus dem Ofen nehmen und noch warm mit dem beiseitegestellten Birnen-Zwetschgen-Sud bestreichen. Die Hutzelbrote 2–3 Tage abgedeckt auf einem Kuchengitter auskühlen und durchziehen lassen.

Tipps & Tricks: Am besten verwendet man Hutzeln in Bioqualität. Die sind ungeschwefelt und weicher, meist auch schon ohne Kerngehäuse und Stiel.

Anstelle von Kirschwasser eignet sich auch Aprikosenschnaps.

Betrunkene Adventskuchen

Marc Scherrmann, Horb-Altheim

Zutaten: *Teig: 100 g Butter · 90 g Zucker · ½ Päckchen Vanillezucker · 2 Eigelb · 75 g Mehl · 40 g Speisestärke · 1 TL Backpulver · 100 g gemahlene Mandeln · 80 ml Mandellikör · 80 ml Läuterzucker (Zuckersirup) · Glasur und Garnierung: 40 g Zucker · 1 TL Zitronensaft · 100 g Aprikosenkonfitüre · 80 g geschälte Mandeln, halbiert*

Zubereitung: Die Butter, den Zucker und den Vanillezucker in einer Schüssel schaumig rühren. Nach und nach die Eigelbe zugeben.

Das Mehl, die Speisestärke und das Backpulver mischen und darübersieben. Die gemahlenen Mandeln zufügen und alles gut vermengen.

Den Teig auf zwei kleine gefettete und mit Semmelbröseln ausgestreute Backformen (15 cm Ø, ½ l Inhalt) verteilen.

Die Adventskuchen im auf 180 °C (Ober-/ Unterhitze) vorgeheizten Backofen 25 Minuten backen. Etwas abkühlen lassen, stürzen und auf ein Kuchengitter legen.

Den Mandellikör und den Läuterzucker verrühren und die noch warmen Kuchen damit bepinseln.

Für die Glasur den Zucker, den Zitronensaft und 50 ml Wasser aufkochen, bis sich der Zucker aufgelöst hat. Die Aprikosenkonfitüre unterrühren und die Masse um ein Drittel einkochen lassen (etwa 8–10 Minuten).

Durch ein Sieb streichen und nochmals kurz aufkochen – die Aprikotur (Aprikosenglasur) sollte transparent und klar sein.

Die Kuchen mit der Glasur bepinseln und mit den Mandeln nach Belieben verzieren.

English Cake

Joachim Habiger

Zutaten: *Saft und Abrieb von 1 unbehandelten Zitrone · Saft und Abrieb von 1 unbehandelten Orange · 120 ml Brandy · 40 g Orangeat · 40 g Zitronat · 140 g Sultaninen · 140 g getrocknete Feigen · 80 g getrocknete Aprikosen · 140 g Trockenpflaumen · 100 g Belegkirschen · 140 g weiche Butter · 140 g brauner Zucker · 2 EL Zuckerrübensirup · 2 Eier · 260 g Mehl · 2 TL Backpulver · 2 TL Lebkuchengewürz · 80 g gehackte Walnüsse ·* **Garnierung und Glasur:** *abgezogene Mandeln · Walnüsse, halbiert · Belegkirschen, halbiert · Brandy · Orangensaft · Butter, geschmolzen · 150 g Aprikosenkonfitüre · gehobelte Mandeln*

Zubereitung: Am Vortag den Zitrussaft und -abrieb mit dem Brandy, dem Zitronat und dem Orangeat mischen. Die Trockenfrüchte und die Belegkirschen grob hacken und zufügen. Mindestens 12 Stunden kalt stellen. Ab und zu umrühren.

Dann die Butter, den braunen Zucker und den Zuckerrübensirup in einer Küchenmaschine gut aufschlagen. Nach und nach die Eier zugeben.

Das Mehl, das Backpulver und das Lebkuchengewürz mischen. Die eingeweichten Trockenfrüchte abseihen und die Flüssigkeit auffangen.

3 EL Mehlmischung mit den Früchten verrühren und mit der restlichen Mehlmischung, der Flüssigkeit und den Walnüssen unter die Buttermasse heben.

Eine gefettete Backform (24 cm Ø) mit dem Teig füllen, glatt streichen und mit Mandeln, Walnüssen und Belegkirschen garnieren.

Den English Cake im auf 190 °C (Ober-/Unterhitze) vorgeheizten Backofen 30–40 Minuten saftig backen. Die Garprobe mit einem Holzstäbchen machen. Die Backzeit ist erreicht, wenn beim Herausziehen kein Teig daran haftet.

Nach dem Backen den noch heißen Kuchen mit Brandy und Orangensaft tränken und dünn mit der flüssigen Butter bestreichen. Die Aprikosenkonfitüre aufkochen, den Kuchen damit einpinseln und die gehobelten Mandeln rundherum an den Rand drücken.

Tipps & Tricks: Wenn Kinder mitessen, kann man den Brandy einfach weglassen.

Adventsbrezel

Hildegard Schätzle, Zell-Unterharmersbach

Zutaten: *1 Würfel frische Hefe · 100 g Zucker · 200 g lauwarme Milch · 750 g Mehl · 100 g Butter, geschmolzen · ½ TL Salz · 1 Ei · 1 Päckchen gemahlene Gelatine*

Zubereitung: Die Hefe mit 1 TL Zucker und der lauwarmen Milch glatt rühren. Das Mehl in eine Schüssel sieben, in die Mitte eine Mulde drücken und die aufgelöste Hefe hineingeben. Abgedeckt an einem warmen Ort 30 Minuten gehen lassen.

Dann den restlichen Zucker, die Butter, das Salz und das Ei zufügen und alles zu einem Teig verkneten. Nochmals gehen lassen, bis sich das Teigvolumen verdoppelt hat.

Den Teig kurz durchkneten, zu einer Brezel formen und auf ein mit Backpapier ausgelegtes Backblech legen. Kurz gehen lassen.

Die Adventsbrezel im auf 180 °C (Ober-/Unterhitze) vorgeheizten Backofen 20 Minuten backen. Die Ofentemperatur auf 150 °C reduzieren und in etwa 10 Minuten fertig backen.

Die Gelatine in etwas Wasser auflösen und die noch heiße Brezel damit bestreichen.

Mallorquinische Mandeltorte

Michaela Litterst, Offenburg

Zutaten: *Teig: 6 Eier · 250 g Zucker · Abrieb von 1 unbehandelten Zitrone · 1 Msp. Zimt · 2 EL Butter · ½ TL Backpulver · 250 g gemahlene Mandeln ·* **Garnierung:** *Puderzucker*

Zubereitung: Die Eier trennen. Das Eiweiß mit der Hälfte des Zuckers steif schlagen.

Für den Teig das Eigelb mit den übrigen Zutaten verrühren und den Eischnee unterheben. In eine mit mit Backpapier ausgelegte Springform (24 cm Ø) füllen.

Die Mandeltorte im auf 180 °C (Ober-/Unterhitze) vorgeheizten Backofen 10 Minuten backen. Die Ofentemperatur auf 140 °C reduzieren und in 20–25 Minuten fertig backen.

Aus der Form nehmen und auf einem Kuchengitter auskühlen lassen. Dick mit Puderzucker bestauben.

Tipps & Tricks: Dieser Kuchen ist auf Mallorca nicht nur zur Weihnachtszeit sehr beliebt. Er ist leicht und sehr saftig und hält sich gekühlt gut vier Tage.

Gewürzkuchen vom Blech

Markus Nell, Konstanz

Zutaten: *100 g Butter · 250 g Zucker · 2 Eier · ½ Tasse Milch · 250 g Mehl · ½ Päckchen Backpulver · 2 TL Zimt · 1 TL gemahlene Nelken · 2 EL Kakaopulver (ungesüßt) · 250 g gehackte Walnüsse · **Guss:** 250 g Puderzucker · Saft einer Zitrone*

Zubereitung: Die Butter mit dem Zucker schaumig rühren. Nach und nach die Eier und die Milch zugeben.

Das Mehl mit dem Backpulver, den Gewürzen und dem Kakaopulver mischen und über die Masse sieben. Die Walnüsse dazugeben und alles zu einem glatten Teig vermengen.

Den Teig auf ein mit Backpapier ausgelegtes Backblech geben und gleichmäßig verstreichen. Im auf 180 °C (Ober-/Unterhitze) vorgeheizten Backofen etwa 20 Minuten backen. Auskühlen lassen.

Den Gewürzkuchen auf eine Arbeitsfläche geben und nach Belieben in Streifen, Rauten oder Quadrate schneiden.

Für den Guss den Puderzucker mit dem Zitronensaft und etwas Wasser bei Bedarf glatt rühren und die Oberflächen damit bestreichen.

Walnuss-Gewürz-Kuchen

Annemarie Utzeri, Hemmingen

Zutaten: *100 g gehackte Walnüsse · 300 g Mehl · 1 TL Natron · 1 TL Zimt · ½ TL Piment · ½ TL gemahlene Muskatnuss · ½ TL Salz · 125 g Butter · 250 g brauner Zucker · 2 Eier · 250 g Buttermilch · **Garnierung:** Puderzucker*

Zubereitung: Eine gut gefettete Gugelhupfform (25 cm Ø) mit 50 g Walnüssen ausstreuen.

Das Mehl, das Natron, die Gewürze und das Salz mischen und in eine Schüssel sieben.

Die Butter mit dem Zucker zu einer fluffigen Creme aufschlagen und die Eier unterrühren. Nach und nach im Wechsel die Mehlmischung und die Buttermilch zufügen. Dann die übrigen Walnüsse unterheben und den Teig in die Backform füllen.

Den Gewürzkuchen im auf 180 °C (Ober-/Unterhitze) vorgeheizten Backofen 45–50 Minuten backen. Etwas abkühlen lassen, aus der Form nehmen und auf einem Kuchengitter auskühlen lassen. Mit Puderzucker bestauben.

Kürbisgugelhupf

Bärbel Adelheim, Erligheim

Zutaten: *200 g Kürbismus (siehe unten) · 300 g Zucker · 4 Eier · 125 ml Öl · 100 g gemahlene Haselnüsse · 450 g Mehl · 1 Päckchen Backpulver · 1 Päckchen (15 g) Lebkuchengewürz · ½ TL gemahlener Ingwer*

Zubereitung: Für das Kürbismus einen mittelgroßen Speisekürbis aushöhlen, das Fruchtfleisch mit etwas Wasser weich kochen und fein pürieren.

Den Zucker, die Eier und das Öl schaumig schlagen. Das Kürbismus und die Haselnüsse untermischen. Das Mehl, das Backpulver, das Lebkuchengewürz und den Ingwer hinzufügen und alles zu einem glatten Teig verarbeiten. Den Teig in eine gefettete und mit Haselnüssen ausgestreute Gugelhupfform füllen.

Den Kürbisgugelhupf im auf 190 °C (Ober-/Unterhitze) vorgeheizten Backofen etwa 80 Minuten backen. Mit Puderzucker bestauben.

Tipps & Tricks: Die Garprobe mit einem Holzstäbchen machen. Die Backzeit ist erreicht, wenn beim Herausziehen kein Teig daran haftet.

Früchtekuchen im Einmachglas

Elisabeth Rieker, Neuler

Zutaten: *100 g Softaprikosen · 100 g Orangeat · 50 g Mandeln mit Haut · 100 g Rosinen · 100 g getrocknete Cranberrys · 5 EL Orangensaft · etwas Butter und gemahlene Mandeln für die Gläser · 200 g weiche Butter · 1 Prise Salz · 150 g brauner Zucker · 1 Päckchen Vanillezucker · 3 Eier (Größe M) · 350 g Mehl · 1 Päckchen Backpulver · 2 TL Lebkuchengewürz · Guss: 150 g Puderzucker · 2–3 EL Orangensaft · Sirup: 450 ml Orangensaft · 125 g Zucker · 100 ml Amaretto*

Zubereitung: Die Aprikosen und das Orangeat fein hacken, die Mandeln grob hacken. Alles mit den Rosinen, den Cranberrys und dem Orangensaft mischen. Die Fruchtmischung 30 Minuten ziehen lassen.

Zehn feuerfeste und verschließbare Gläser (à 200 ml) fetten und mit gemahlenen Mandeln ausstreuen.

Für den Teig die weiche Butter, das Salz, den Zucker und den Vanillezucker cremig rühren. Nach und nach die Eier zufügen.

Das Mehl, das Backpulver und das Lebkuchengewürz mischen und untermengen. Die Fruchtmischung unterrühren.

Die Gläser zur Hälfte mit dem Teig füllen und im auf 180 °C (Ober-/Unterhitze) vorgeheizten Backofen 30–35 Minuten backen.

Für den Guss den Puderzucker mit dem Orangensaft glatt rühren. Die gebackenen Kuchen in den Gläsern auf ein Kuchengitter setzen, den Guss darauf verteilen und sofort verschließen. Auskühlen lassen.

Für den Sirup den Orangensaft mit dem Zucker aufkochen. Bei niedriger Temperatur unter gelegentlichem Rühren 15 Minuten einköcheln. Vom Herd nehmen und den Amaretto unterrühren. Den Sirup (etwa 400 ml) in heiß ausgespülte, sterilisierte Flaschen abfüllen und auskühlen lassen.

Die Früchtekuchen im Einmachglas zusammen mit dem Sirup servieren.

Baumkuchenwürfel mit Orangencreme

Petra Gottschalk, Gundelfingen

Zutaten: *Teig: 250 g weiche Butter · 200 g Zucker · 2 Päckchen Vanillezucker · 5 Eier · 40 ml Orangenlikör · 50 g Speisestärke · 200 g Mehl · **Orangencreme:** 5 Blatt Gelatine · 250 g Sahnequark · 150 g Joghurt · 100 g Zucker · Saft und Abrieb von 1 unbehandelten Orange · 300 g Sahne · Orangenlikör nach Belieben · **Glasur:** Orangenkonfitüre*

Zubereitung: Für den Teig die Butter, den Zucker und den Vanillezucker schaumig schlagen. Die Eier trennen. Nach und nach das Eigelb und den Orangenlikör unterrühren. Die Speisestärke mit dem Mehl mischen und unter die Masse rühren. Das Eiweiß steif schlagen und vorsichtig unter die Masse heben.

5–6 EL Teig in eine leicht gefettete Backform (30 x 40 cm) geben, glatt streichen und im auf 250 °C (Grillfunktion) vorgeheizten Backofen in 3–4 Minuten goldbraun backen.

Weitere 5–6 EL Teig auf den gebackenen Teigboden streichen und wie oben beschrieben backen. Diesen Schritt wiederholen, bis der Teig aufgebraucht ist.

Den noch warmen Baumkuchen mit etwas Orangenlikör beträufeln, auskühlen lassen und aus der Form lösen.

Für die Orangencreme die Gelatine in kaltem Wasser einweichen.

Den Quark, den Joghurt, den Zucker und den Saft und Abrieb der Orange in eine Schüssel geben und verrühren.

Die eingeweichte Gelatine ausdrücken und leicht erwärmen, bis sie sich vollständig aufgelöst hat. Vom Herd nehmen und ein paar Löffel der Creme unterrühren. Die aufgelöste Gelatine unter die Creme mischen.

Die Sahne steif schlagen und unter die Orangencreme heben. Nach Belieben mit Orangenlikör abschmecken und auf dem Baumkuchen verteilen. Kalt stellen.

Für die Glasur die Orangenkonfitüre glatt rühren und dünn auf der Orangencreme-Schicht verstreichen. Etwas trocknen lassen und den Kuchen in kleine Würfel schneiden.

Adventsmuffins

Simone Garhofer, Erbach

Zutaten: *200 g getrocknete Aprikosen · 4 EL Rum · 125 g Butter · 125 g Zucker · Abrieb von 1 unbehandelten Zitrone · 2 Eier · 200 g Mehl · ½ Päckchen Backpulver · ½ TL Zimt · ½ TL Lebkuchengewürz · Puderzucker (optional)*

Zubereitung: Die Aprikosen fein hacken, mit dem Rum in einer Schüssel mischen und 10 Minuten ziehen lassen.

Die Butter mit dem Zucker und dem Zitronenabrieb schaumig schlagen. Nach und nach die Eier zufügen. Das Mehl mit dem Backpulver und den Gewürzen mischen, über die Masse sieben und zu einem glatten Teig verrühren.

Den Teig auf 12 Muffinformen (7 cm Ø) verteilen.

Die Adventsmuffins im auf 200 °C (Ober-/ Unterhitze) vorgeheizten Backofen etwa 20 Minuten backen.

Etwas abkühlen lassen, aus der Form nehmen und auf einem Kuchengitter auskühlen lassen. Nach Belieben mit Puderzucker bestauben.

Schwarzwälder Weihnachtstorte

Ute Lonsky, Schömberg

Zutaten: *Teig: 100 g Orangeat · 100 g Zitronat · 350 g Mehl · 500 ml Milch · 150 g Butter · 3 EL Honig · 1 Päckchen Backpulver · 1 Päckchen Vanillezucker · 100 g gemahlene Haselnüsse · 1 Prise Salz · 3 TL Lebkuchengewürz · 1 TL gemahlene Nelken · 4 Eier · 300 g Zucker · Füllung: 2 Gläser (à 350 g) Schattenmorellen · 2 EL Speisestärke · Kirschwasser nach Belieben · 500 g Schlagsahne · 1 Päckchen Sahnesteif · Schokoraspel zum Garnieren*

Zubereitung: Das Orangeat und das Zitronat fein hacken und mit 100 g Mehl vermischen. Die Milch mit der Butter und dem Honig leicht erwärmen und verrühren.

Das übrige Mehl mit dem Backpulver, dem Vanillezucker, den Haselnüssen, dem Salz und den Gewürzen mischen. Die Eier trennen. Das Eigelb mit dem Zucker schaumig rühren und das Eiweiß steif schlagen.

Die Mehlmischung mit der Milch-Butter-Honig-Mischung und der Eigelb-Zucker-Masse vermengen und den Eischnee unterheben.

Den Teig in eine Springform (28 cm Ø) geben und im auf 200 °C (Ober-/Unterhitze) vorgeheizten Backofen etwa 1 Stunde backen. Auf einem Kuchengitter auskühlen lassen. Den Kuchen horizontal in drei gleich hohe Böden schneiden.

Für die Füllung die Schattenmorellen über einem Sieb abgießen, den Saft dabei auffangen. Die Speisestärke mit 2 EL Saft anrühren. Den restlichen Kirschsaft aufkochen und die aufgelöste Speisestärke einrühren. Kurz aufkochen lassen, vom Herd nehmen und die Kirschen unterheben. Einige Kirschen für die Garnierung beiseitelegen.

Den unteren Tortenboden mit Kirschwasser beträufeln und zwei Drittel der Speisestärke-Kirsch-Masse darauf verteilen.

Den mittleren Boden auflegen, die übrige Kirschmasse und etwas Schlagsahne darauf verteilen. Den oberen Boden auflegen, mit der übrigen Sahne, den beiseitegelegten Kirschen und Schokoraspeln verzieren.

Mindestens 4 Stunden kalt stellen.

Quarkstollen mit Rosinen

Carmen Veit, Ölbronn

Zutaten: *2 Eier · 200 g Zucker · 1 Päckchen Vanillezucker · 4 EL Rum · 250 g Quark · 250 g weiche Butter · ½ TL Zimt · ½ TL Christstollengewürz · 150 g gemahlene Mandeln · 200 g Rosinen · 500 g Mehl · 1 Päckchen Backpulver · Garnierung: 75 g Butter · 150 g Puderzucker*

Zubereitung: Die Eier, den Zucker, den Vanillezucker, den Rum und den Quark verrühren. Die Butter zugeben und alles schaumig aufschlagen. Die Gewürze, die Mandeln und die Rosinen untermengen und zum Schluss das Mehl mit dem Backpulver unterheben. Ist der Teig zu weich zum Formen, noch etwas Mehl einarbeiten.

Den Teig halbieren und auf einer bemehlten Arbeitsfläche zu zwei länglichen Laiben formen. Je Laib die Hälfte über die lange Kante etwas flach rollen. Den dickeren Teil darüberschlagen und die Laibe noch mal zurechtformen.

Die Stollen auf ein mit Backpapier ausgelegtes Backblech geben und im auf 170 °C (Ober-/Unterhitze) vorgeheizten Backofen in etwa 50 Minuten hellbraun backen.

Für die Garnierung die Butter in einem Topf bei niedriger Temperatur schmelzen und die noch warmen Stollen damit bestreichen. Abkühlen lassen und nochmals mit flüssiger Butter bestreichen. Dick mit Puderzucker bestauben.

Tipps & Tricks: Als Variante zum Verschenken kann man auch feines Stollenkonfekt formen. Dafür den Teig 3 cm dick auswellen und zu Quadraten (3 x 3 cm) schneiden. Bei 200 °C (Ober-/Unterhitze) in etwa 20 Minuten hellbraun backen.

Nuss und
Mandelkern

Engadiner Nusstörtchen

Ulrike Moser, Ostrach-Waldbeuren

Zutaten: *Teig: 250 g Mehl · 100 g Puderzucker · 1 Prise Salz · 1 Eigelb · 125 g kalte Butter · 1 Päckchen Vanillezucker · Füllung: 150 g Sahne · 70 g Rohrzucker · 70 g Honig · 20 g Butter · 180 g gehackte Walnüsse*

Zubereitung: Für den Teig alle Zutaten verkneten und 1 Stunde kalt stellen.

Für die Füllung die Sahne, den Zucker, den Honig und die Butter in einem Topf zum Kochen bringen. 4 Minuten köcheln lassen, dann die Walnüsse zugeben und unter Rühren nochmals aufkochen. Abkühlen lassen.

Den Teig 4 mm dick auswellen, 20 Kreise (8–9 cm Ø) ausstechen und gefettete Muffinformen (7 cm Ø) damit auskleiden. Die Teigkreise sollen als Boden und Wand dienen und müssen daher etwas größer als der Boden der Formen sein. Aus dem übrigen Teig kleine Motive ausstechen.

Die Füllung auf den Teigschälchen verteilen und die Teigmotive auf die Törtchen legen.

Die Engadiner Nusstörtchen im auf 170 °C (Ober-/Unterhitze) vorgeheizten Backofen etwa 20 Minuten backen. Abkühlen lassen und aus der Form nehmen.

Kakaobusserl

Ursula Münz, Mannheim

Zutaten: *3 Eiweiß · 200 g Zucker · 1 Päckchen Vanillezucker · 1 TL gemahlener Kaffee · 30 g Kakaopulver (ungesüßt) · 250 g gemahlene Haselnüsse · Backoblaten (5 cm Ø) · Garnierung: 100 g Schokolade*

Zubereitung: Das Eiweiß steif schlagen. Den Zucker, den Vanillezucker, den Kaffee und das Kakaopulver mischen, den Eischnee unterheben und zu einer schaumigen Masse verrühren. Dann die Nüsse unterheben.

Backoblaten auf ein mit Backpapier ausgelegtes Backblech verteilen und den Teig mithilfe eines Teelöffels daraufgeben.

Die Kakaobusserl im auf 150 °C (Umluft) vorgeheizten Backofen etwa 20 Minuten backen. Abkühlen lassen.

Die Schokolade über einem Wasserbad schmelzen und die Kakaobusserl damit bestreichen.

Schokoladenkonfekt

GLUTENFREI

Ruth Sester, Oberkirch

Zutaten: *200 g Schokolade · 400 g geriebene Mandeln · ½ TL Zimt · 3 EL Kakaopulver (ungesüßt) · 3 Eier (à 60 g) · 1 Prise Salz · 300 g Zucker · 1 ½ TL Vanillezucker · Puderzucker zum Bestauben*

Zubereitung: Die Schokolade reiben und mit den Mandeln, dem Zimt und dem Kakaopulver mischen. Die Eier mit dem Salz schaumig schlagen, dabei den Zucker und den Vanillezucker einrieseln lassen. Die Schoko-Mandel-Mischung zur Eimasse geben und unterheben.

Den Teig in 10 Portionen teilen und die Teigstücke auf einer mit Puderzucker bestaubten Arbeitsfläche zu Rollen formen. In etwa 60 walnussgroße Stücke teilen und diese zu Kugeln formen. Die Kugeln auf ein mit Backpapier ausgelegtes Backblech geben und 3–4 Stunden trocknen lassen.

Das Schokoladenkonfekt im auf 150 °C (Ober-/Unterhitze) vorgeheizten Backofen etwa 30 Minuten backen.

Klöppelspitzen

OHNE EI

Renate Pries-Vollmer, Biberach

Zutaten: *100 g weiche Butter · 100 g Zucker · 50 g Mehl, gesiebt · 1 Prise Salz · 100 g gehobelte Mandeln*

Zubereitung: Die Butter und den Zucker schaumig rühren. Das Mehl und das Salz zugeben und mit den Mandeln vorsichtig unterheben.

Von der Masse haselnussgroße Häufchen in großem Abstand (da sie auseinanderlaufen) auf ein mit Backpapier ausgelegtes Backblech geben und etwas flach drücken.

Die Klöppelspitzen im auf 180 °C (Ober-/Unterhitze) vorgeheizten Backofen in etwa 15 Minuten goldgelb backen.

Nach der Backzeit das Backpapier mit den Klöppelspitzen vorsichtig vom Backblech auf ein Kuchengitter ziehen. Ganz auskühlen lassen und erst dann die Klöppelspitzen abnehmen. Solange sie warm sind, zerbrechen sie leicht.

Strohhütchen

Janina Weiß, Bad Mergentheim

Zutaten: *Teig: 250 g kalte Butter · 375 g Mehl, gesiebt · 125 g Zucker · 125 g gemahlene Haselnüsse · **Guss:** 1 Eiweiß · 125 g Puderzucker · 1 Spritzer Zitronensaft · **Garnierung:** 60 g Haselnüsse*

Zubereitung: Für den Teig alle Zutaten verkneten, zu einer Kugel formen und in Frischhaltefolie gewickelt 1 Stunde kalt stellen.

Den Teig 1 cm dick auswellen, rund ausstechen und auf ein mit Backpapier ausgelegtes Backblech geben.

Für den Guss das Eiweiß, den Puderzucker und den Zitronensaft dick aufschlagen. Die Plätzchen damit bestreichen und je eine Haselnuss in die Mitte setzen.

Die Strohhütchen im auf 170 °C (Ober-/Unterhitze) vorgeheizten Backofen in etwa 15 Minuten hellgelb backen.

Walnuss-Schäumchen

Hannelore Widmann, Schwäbisch-Gmünd

Zutaten: *4 Eiweiß · 180 g Zucker · 200 g Walnüsse, grob gehackt · 1 EL Stärkemehl · Backoblaten (5 cm Ø)*

Zubereitung: Das Eiweiß steif schlagen und dabei den Zucker einrieseln lassen. Die Walnüsse mit dem Stärkemehl mischen und unter den Eischnee heben.

Backoblaten auf ein mit Backpapier ausgelegtes Backblech verteilen.

Mithilfe von zwei feuchten Teelöffeln von der Masse kleine Häufchen abstechen und auf die Oblaten geben.

Die Walnuss-Schäumchen im auf 140 °C (Ober-/Unterhitze) vorgeheizten Backofen 35–40 Minuten backen.

Pfefferkuchenplätzchen

Andrea Aue, Stuttgart

Zutaten: *Teig: 200 g Zuckerrübensirup ·
125 g Butter · 500–650 g Mehl · 1 Päckchen
(40 g) Schokoladenpudding · ½ Päckchen
Backpulver · 250 g Zucker · 100 g brauner
Zucker · 1 Päckchen (15 g) Lebkuchengewürz
»Neunerlei« · 100 g gemahlene Nüsse oder
Mandeln · 2 Eier · 5 EL Milch · Garnierung:
Mandeln, halbiert*

Zubereitung: Den Zuckerrübensirup mit
der Butter in einem Topf erwärmen. Die
trockenen Zutaten mischen und dann mit
den Eiern und der Milch vermengen. Die
Sirup-Butter-Mischung zufügen und alles
gut verkneten. Wenn der Teig zu klebrig ist,
noch etwas Mehl untermengen.

Den Teig mit Mehl bestauben und mit einem
Tuch abgedeckt an einem kühlen Ort 3 Tage
ruhen lassen. Zwischendurch gut durchkneten und wieder dünn mit Mehl bestauben.

Den Teig 1 cm dick auswellen, mit Förm-
chen ausstechen und die Mandelhälften nach
Belieben in die Plätzchen drücken.

Die Pfefferkuchenplätzchen auf ein mit
Backpapier ausgelegtes Backblech geben und
im auf 200 °C (Ober-/Unterhitze) vorgeheizten Backofen etwa 15–20 Minuten backen.

Bärenmamas Honigkuchen

OHNE EI

Cornelia Ernst, Zempin

Zutaten: *200 g flüssiger Honig · 100 g Zitronat · 100 g Orangeat · 100 g weiche Butter · 150 g Zucker · 1 ½ TL Zimt · ½ TL gemahlene Nelken · 1 TL Lebkuchengewürz · 1 Msp. gemahlener Kardamom · 200 g gemahlene Mandeln · Abrieb von ½ unbehandelten Zitrone · 400 g Mehl · 1 Päckchen Backpulver · **Guss:** 250 g Puderzucker · Zuckerstreusel (optional)*

Zubereitung: Den Honig im Wasserbad etwas erwärmen. Das Zitronat und das Orangeat fein hacken.

Die Butter mit dem Zucker in einer Schüssel schaumig rühren. Die Gewürze zugeben und den erwärmten Honig langsam hinzufügen. Dann die Mandeln mit dem Orangeat und dem Zitronat unterrühren.

Nach und nach das Mehl mit dem Backpulver zufügen und mit den Knethaken eines Handrührers zu einem geschmeidigen Teig verarbeiten. Dann den Teig noch einmal kurz mit den Händen durchkneten.

Den Teig auf ein mit Backpapier ausgelegtes Backblech geben und ½ cm dick auswellen. Im auf 180 °C (Umluft) vorgeheizten Backofen etwa 15 Minuten backen.

Den noch heißen Honigkuchen mit einem großen Brotmesser in kleine gleichmäßige Quadrate schneiden und abkühlen lassen.

Für den Guss den Puderzucker mit etwas Wasser glatt rühren und die Quadrate damit bestreichen. Nach Belieben mit Zuckerstreuseln dekorieren.

Den Honigkuchen über Nacht trocknen lassen, dann in eine luftdichte Dose geben und 1–2 Wochen an einem kühlen Ort durchziehen lassen.

Frankfurter Bethmännchen GLUTENFREI

Heike Holler, Gondelsheim

Zutaten: *250 g gemahlene Mandeln ·
½ Röhrchen Bittermandel-Aroma · 250 g
Puderzucker · 2 Eiweiß · 2 EL Rosenwasser ·
2 EL Speisestärke · 125 g Mandeln, halbiert*

Zubereitung: Die gemahlenen Mandeln,
das Bittermandel-Aroma und den Puderzucker in einer Schüssel vermischen. 1 Eiweiß,
das Rosenwasser und die Speisestärke hinzufügen. Alles zu einem festen Teig verkneten
und etwa 40 kirschgroße Kugeln formen.

Das übrige Eiweiß steif schlagen. Die
Mandelhälften an den Schnittflächen mit
etwas Eischnee bestreichen und jeweils drei
Hälften so an eine Teigkugel andrücken, dass
ein kleines Hütchen entsteht.

Die Bethmännchen auf ein mit Backpapier ausgelegtes Backblech geben und im
auf 175 °C (Ober-/Unterhitze) vorgeheizten Backofen in etwa 15–20 Minuten hell
backen. Auf einem Kuchengitter abkühlen
lassen. Die Bethmännchen in einer luft-
dichten Dose aufbewahren, damit sie nicht
austrocknen.

Kerntaler Weiße

Christel Waßmer, Bruchsal

Zutaten: *Teig: 250 g Mehl · 2 gestrichene TL
Backpulver · 125 g Zucker · 1 Päckchen Vanillezucker · ½ Röhrchen Bittermandel-Aroma ·
1 Ei · 125 g Butter · 125 g Haselnüsse, grob
gehackt · Glasur: 3 EL Kondensmilch · 200 g
gehackte Haselnüsse*

Zubereitung: Für den Teig alle Zutaten
verkneten und zu 2 ½ cm dicken Rollen formen. Die Rollen mit Kondensmilch bestreichen und in den gehackten Haselnüssen
wälzen. In Frischhaltefolie gewickelt über
Nacht kalt stellen.

Die Rollen mit einem scharfen Messer in
½ cm dicke Scheiben schneiden und auf ein
mit Backpapier ausgelegtes Backblech geben.
Im auf 180 °C (Ober-/Unterhitze) vorgeheizten Backofen etwa 10–15 Minuten backen.

Klosterlebkuchen

Schwester M. Veronica Haug, Wilhelmsdorf

Zutaten: *500–625 g Mehl · 500 g Kunsthonig (Invertzuckercreme) · 125 g Butter · 125 g Zucker · 1 Päckchen Hirschhornsalz · ½ Päckchen (7 g) Lebkuchengewürz · 1 EL Kakaopulver (ungesüßt) · 100 g gemahlene Haselnüsse oder Kokosflocken · 2 Eier · ½ TL Zimt · Guss: 250 g Puderzucker · Zitronensaft*

Zubereitung: Die Butter und den Kunsthonig in einem Topf bei mittlerer Temperatur erhitzen, aber nicht kochen. Das Hirschhornsalz in etwas Wasser auflösen und in die Butter-Honig-Masse einrühren. (Vorsicht: Es schäumt stark und hat einen scharfen Geruch.)

500 g Mehl, das Lebkuchengewürz und den Zucker in einer Schüssel vermischen, die heiße Masse einrühren und die Haselnüsse oder Kokosflocken unterheben. Etwas abkühlen lassen, dann die Eier nach und nach untermengen. (Achtung: Die Eier gerinnen, wenn der Teig noch zu heiß ist.)

Falls der Teig zu weich ist, nach und nach das restliche Mehl zugeben und verkneten, bis er eine gute Konsistenz zum Auswellen hat. Den Lebkuchenteig zu einer Kugel formen und in Frischhaltefolie gewickelt 1 Stunde kalt stellen.

Den Teig 1 cm dick auswellen, Herzen (8–10 cm) oder andere Formen nach Belieben ausstechen und auf ein gefettetes Backblech geben.

Im auf 200 °C (Ober-/Unterhitze) vorgeheizten Backofen 10–12 Minuten backen. Die Lebkuchen vorsichtig vom Blech nehmen und abkühlen lassen.

Für den Guss den Puderzucker mit etwas Zitronensaft glatt rühren und die Lebkuchen damit bestreichen.

Anmerkung: Dieses Rezept ist von Schwester M. Agnes Klein (verstorben). Sie hat diese Lebkuchen schon vor über 50 Jahren gebacken.

Honigkuchen

Joachim Feinauer

Zutaten: *100 g weiche Butter · 250 g Blütenhonig · 125 g Zucker · 8 g Kakaopulver (ungesüßt) · 12 g Lebkuchengewürz · 600 g Mehl · ½ Päckchen Backpulver · 1 Prise Salz · 1 Ei · Milch zum Bestreichen ·* **Glanz-Streiche:** *5 g Speisestärke (im Ofen bei 190 °C 1 Stunde gebräunt) · 100 ml Wasser ·* **Garnierung:** *Mandeln · Belegfrüchte · Kokosraspel*

Zubereitung: Die Butter mit dem Honig, dem Zucker, dem Kakaopulver und dem Lebkuchengewürz in einem Topf unter Rühren erhitzen, bis sich der Zucker gelöst hat. Abkühlen lassen.

Mehl mit Backpulver zusammen sieben und mit dem Salz und dem Ei zur Butter-Honig-Masse geben. Alles mit einem Kochlöffel gut vermengen, dann den Teig auf einer bemehlten Arbeitsfläche gut durchkneten. Zu einer Kugel formen und in Frischhaltefolie gewickelt bei Raumtemperatur über Nacht ruhen lassen.

Am nächsten Tag ein Backblech leicht mit Butter bestreichen. Den Teig auf einer bemehlten Arbeitsfläche 6 mm dick auswellen, Formen ausstechen, mit Milch bestreichen und nach Belieben mit Mandeln und Belegfrüchten dekorieren.

Die Honigkuchen auf das gebutterte Backblech geben und im auf 180 °C (Ober-/Unterhitze) vorgeheizten Backofen etwa 10 Minuten backen.

90 ml Wasser aufkochen. Die gebräunte Speisestärke mit 10 ml kaltem Wasser anrühren, unter Rühren ins kochende Wasser geben und etwas köcheln lassen.

Die gebackenen Honigkuchen mit der Glanz-Streiche dünn bepinseln und mit Kokosraspeln verzieren.

Tipps & Tricks: Verwenden Sie Blütenhonig, weil dieser vom Geschmack her am neutralsten ist.

Machen Sie ein kleines Loch in die Figuren, dann können Sie diese auch als Baumschmuck verwenden.

Kreieren Sie mit Zuckerguss und eingefärbter Marzipanrohmasse ganz eigene Dekorationen.

Saftige Kartoffellebkuchen

Birgit Breitling, Aidlingen

Zutaten: *700 g mehligkochende Kartoffeln · 450 g Mehl · 3 Päckchen Backpulver · 6 Eier · 600 g Zucker · 3 Päckchen Vanillezucker · 75 g Zitronat · 75 g Orangeat · 100 g Schokostreusel · 250 g gemahlene Walnüsse · 250 g gemahlene Haselnüsse · 3 TL Zimt · 2 TL gemahlene Nelken · Backoblaten (7 cm Ø) · Garnierung: Schokoladenglasur oder Puderzucker-Rum-Guss nach Belieben*

Zubereitung: Die Kartoffeln kochen, pellen, heiß durch eine Kartoffelpresse drücken und über Nacht stehen lassen.

Das Kartoffelpüree mit dem Mehl und dem Backpulver mischen, die Eier, den Zucker und den Vanillezucker dazugeben und alles gut verrühren. Das Zitronat und das Orangeat fein hacken und mit den Schokostreuseln, den Nüssen und den Gewürzen dazugeben.

Backoblaten auf ein mit Backpapier ausgelegtes Backblech verteilen, auf jede Oblate etwa 1 EL Teig geben und glatt streichen. Die Kartoffellebkuchen im auf 200 °C (Ober-/Unterhitze) vorgeheizten Backofen etwa 20 Minuten backen. Abkühlen lassen.

Die Lebkuchen nach Belieben mit Schokoglasur oder Puderzucker-Rum-Guss überziehen.

Quitten-Nuss-Kugeln

Marlies Hinzer, Seewald-Allmandle

Zutaten: *300 g Mehl · 200 g Butter · 2 Eigelb · 160 g Zucker · 100 g gehackte Haselnüsse · 2 Eiweiß · 4 EL Quittengelee*

Zubereitung: Das Mehl, die Butter, das Eigelb und 100 g Zucker zu einem Teig verkneten. Aus dem Teig Rollen (3 cm Ø) formen und in Frischhaltefolie gewickelt 1 Stunde kalt stellen.

Die Teigrollen in 1 cm dicke Scheiben schneiden und zu Kugeln formen.

Die Nüsse mit dem übrigen Zucker vermischen. Das Eiweiß verquirlen. Die Kugeln zuerst in das Eiweiß eintunken und dann in der Nuss-Zucker-Mischung wenden.

Auf ein mit Backpapier ausgelegtes Backblech geben und in die Mitte der Kugeln eine Mulde drücken. Das Quittengelee leicht erwärmen, glatt rühren und die Mulden damit füllen.

Im auf 200 °C (Ober-/Unterhitze) vorgeheizten Backofen 10–15 Minuten backen.

Nougatmützchen

OHNE EI

Hanna Nothhelfer, Überlingen

Zutaten: *Teig: 150 g Mehl · 1 gestrichener TL Backpulver · 50 g Zucker · 1 Päckchen Vanillezucker · 1 Prise Salz · 2 EL Milch · 50 g kalte Butter · Garnierung: 400 g Nussnougat · 100 g Mandelsplitter · 150 g Vollmilch-Kuvertüre · 1 TL Kokosfett*

Zubereitung: Für den Teig alle Zutaten verkneten, zu einer Kugel formen und in Frischhaltefolie gewickelt 1 Stunde kalt stellen.

Den Teig dünn auswellen und runde Plätzchen (4 cm Ø) ausstechen.

Auf ein mit Backpapier ausgelegtes Backblech geben und im auf 160 °C (Umluft) vorgeheizten Backofen etwa 10 Minuten backen. Abkühlen lassen. Ein Drittel der Plätzchen fein zerkrümeln.

Für die Garnierung den Nougat cremig rühren. Die Mandelsplitter und die Kekskrümel untermischen. Die Masse bergförmig auf die Plätzchen streichen. Die Kuvertüre mit dem Kokosfett schmelzen und die Plätzchen mit der Oberseite eintauchen.

Walnuss-Feigen-Herzen

Elke Lang, Winterlingen

Zutaten: *Teig: 100 g gemahlene Walnüsse · 250 g Mehl · 2 EL Kakaopulver (ungesüßt) · 100 g Zucker · 2 Päckchen Vanillezucker · 1 Prise gemahlene Muskatnuss · 2 Eigelb · 200 g kalte Butter · Füllung: 120 g Feigenkonfitüre · 5 EL Feigenschnaps · 200 g Kuvertüre, geschmolzen · 30 g gehackte Walnüsse*

Zubereitung: Für den Teig die Nüsse, das Mehl, das Kakaopulver, den Zucker, den Vanillezucker und Muskatnuss mischen.

Das Eigelb, die Butter in Stückchen und 2 EL kaltes Wasser zugeben und alles rasch zu einem glatten Teig verkneten. In Frischhaltefolie gewickelt 1 Stunde kalt stellen.

Den Teig auf einer bemehlten Arbeitsfläche 3 mm dick auswellen und Herzen ausstechen. Auf ein mit Backpapier ausgelegtes Backblech geben und im auf 180 °C (Ober-/Unterhitze) vorgeheizten Backofen 8–10 Minuten backen. Auskühlen lassen.

Feigenkonfitüre und -schnaps verrühren. Die Hälfte der Herzen damit bestreichen und die übrigen auflegen. Mit Kuvertüre überziehen und mit gehackten Walnüssen bestreuen.

Walnusspralinen

Thomas Schneiderhan, Hochmössingen

Zutaten: *6 Eier · 250 g Butter · 200 g Zucker · 200 g dunkle Schokolade, geschmolzen · 200 g gehackte Walnüsse · 100 g Mehl · 1 TL gemahlene Nelken · 1 TL Zimt · ½ TL gemahlener Kardamom · 250 g Aprikosenkonfitüre · 200 g Kuvertüre, geschmolzen · Walnüsse, geviertelt*

Zubereitung: Die Eier trennen. Das Eiweiß steif schlagen. Die Butter, das Eigelb und den Zucker schaumig rühren. Die geschmolzene Schokolade zufügen. Die Walnüsse, das Mehl und die Gewürze unterrühren. Den Eischnee unterheben.

Den Teig auf ein mit Backpapier ausgelegtes Backblech geben, glatt streichen und im auf 175 °C (Ober-/Unterhitze) vorgeheizten Backofen etwa 25 Minuten backen. Abkühlen lassen.

Die Aprikosenkonfitüre etwas erwärmen und den Teig damit bestreichen. Dann mit der Kuvertüre überziehen, in 4 x 4 cm große Stücke schneiden und mit Walnüssen verzieren.

Nusskugeln

OHNE EI

Doris Krieglstein, Schwäbisch Gmünd

Zutaten: *Teig:* 125 g Butter · 50 g Puderzucker · 1 Päckchen Vanillezucker · 125 g Mehl, gesiebt · 80 g Speisestärke · ½ TL Zimt · 6 EL Kakaopulver (ungesüßt) · **Füllung:** 30–35 ganze Haselnüsse · **Garnierung:** 100 g Kuvertüre, geschmolzen · Kokosflocken (optional)

Zubereitung: Für den Teig die Butter mit dem Puderzucker und dem Vanillezucker schaumig rühren. Die übrigen Zutaten mischen, zur Butter-Zucker-Masse geben und alles zu einem glatten Teig verkneten.

Den Teig zu 3 cm dicken Rollen formen und diese in 1 cm dicke Scheiben schneiden. Die Scheibe mit je einer Haselnuss belegen und zu Kugeln formen.

Die Nusskugeln auf ein mit Backpapier ausgelegtes Backblech geben und im auf 180 °C (Ober-/Unterhitze) vorgeheizten Backofen etwa 15 Minuten backen. Abkühlen lassen.

Die Nusskugeln in Kuvertüre eintauchen und nach Belieben verzieren.

Terlaner Walnussecken

Brigitte Rumler, Hergatz

Zutaten: *Teig: 250 g Mehl · 1 TL Backpulver · 120 g kalte Butter · 140 g Zucker · 1 Prise Salz · Abrieb von ½ unbehandelten Zitrone · 5 Eigelb · Nussbaiser: 2–3 EL Johannisbeermarmelade · 5 Eiweiß · 2 TL Zitronensaft · 250 g Puderzucker · 100 g gemahlene Walnüsse · 50 g Walnüsse, grob gehackt*

Zubereitung: Für den Teig alle Zutaten verkneten, zu einer Kugel formen und in Frischhaltefolie gewickelt 1 Stunde kalt stellen.

Den Teig auswellen, auf ein mit Backpapier ausgelegtes Backblech geben und im auf 190 °C (Ober-/Unterhitze) vorgeheizten Backofen 8 Minuten backen. Den gebackenen Teigboden auf dem Blech lassen und mit der Johannisbeermarmelade bestreichen.

Für das Nussbaiser das Eiweiß mit dem Zitronensaft und dem Puderzucker sehr steif schlagen. Die gemahlenen und gehackten Walnüsse unterheben. Die Masse auf den Teig geben und glatt streichen.

Im auf 175 °C (Ober-/Unterhitze) vorgeheizten Backofen etwa 15 Minuten backen. Noch heiß zu Dreiecken schneiden.

Erdnussstangen

Angelika Schaffran, Engstingen

Zutaten: *300 g Mehl · 1 Prise Salz · ½ TL Lebkuchengewürz · ½ TL Zimt · 200 g kalte Butter · 130 g brauner Zucker · 1 Eigelb · 100 g gehackte Erdnüsse (ungesalzen) · 3 EL Erdnusscreme (creamy) · 100 g Vollmilch-Kuvertüre, geschmolzen*

Zubereitung: Das Mehl mit dem Salz und den Gewürzen mischen. Die Butter in Stückchen, 80 g Zucker und das Eigelb zugeben und alles gut verkneten. Zu einer Kugel formen und in Frischhaltefolie gewickelt 30 Minuten kalt stellen.

Den übrigen Zucker bei mittlerer Temperatur schmelzen, die Erdnusscreme einrühren und die gehackten Nüsse zugeben.

Den Teig auf einer bemehlten Arbeitsfläche eckig (16 x 30 cm) auswellen. Die Platte längs halbieren, die eine Hälfte mit der Zucker-Nuss-Masse bestreichen und die andere Hälfte auflegen. In 1 cm breite Streifen schneiden und diese in sich verdrehen.

Auf ein mit Backpapier ausgelegtes Backblech geben und im auf 175 °C (Ober-/Unterhitze) vorgeheizten Backofen etwa 10 Minuten backen. Abkühlen lassen. Die Enden der Erdnussstangen mit Kuvertüre verzieren.

Nussstangen

Gabriele Held, Elztal-Rittersbach

Zutaten: *Teig: 200 g Mehl · 100 g gemahlene Mandeln · 85 g kalte Butter · 90 g Erdnussbutter · 75 g Zucker · 1 Msp. Salz · 1 Ei · **Garnierung:** 100 g Quittengelee · 125 g Puderzucker · 2–3 EL Rum · Nüsse zum Garnieren*

Zubereitung: Für den Teig alle Zutaten verkneten, zu einer Kugel formen und in Frischhaltefolie gewickelt 1 Stunde kalt stellen.

Den Teig auswellen, mit einem Teigrädchen Streifen von 7 x 2 cm Fläche ausradeln und diese auf ein mit Backpapier ausgelegtes Backblech geben.

Im auf 175 °C (Ober-/Unterhitze) vorgeheizten Backofen etwa 10 Minuten backen. Abkühlen lassen.

Eine Seite der Streifen mit dem Quittengelee bestreichen und jeweils zwei zusammenkleben. Den Puderzucker mit dem Rum verrühren und die Nussstangen damit bestreichen. Mit Nüssen nach Belieben garnieren.

Nussecken

Monika Klefer, Wembach

Zutaten: *Teig: 300 g Mehl · 130 g Zucker · 130 g Margarine · 2 Eier · 1 gestrichener TL Backpulver · 2 Päckchen Vanillezucker · **Garnierung:** Quitten- oder Aprikosengelee · 200 g Butter · 200 g Zucker · 2 Päckchen Vanillezucker · 400 g gemahlene Nüsse · **Glasur:** 100 g Kuvertüre, geschmolzen*

Zubereitung: Für den Teig alle Zutaten verkneten, zu einer Kugel formen und in Frischhaltefolie gewickelt 1 Stunde kalt stellen.

Den Teig auf einer bemehlten Arbeitsfläche eckig (30 x 40 cm) auswellen, auf ein mit Backpapier ausgelegtes Backblech geben und mit dem Gelee bestreichen.

Die Butter, den Zucker, den Vanillezucker und 4 EL Wasser in einem Topf kurz aufkochen. Vom Herd nehmen, die Nüsse unterheben und die Masse gleichmäßig auf dem Teig verteilen.

Im auf 180 °C (Ober-/Unterhitze) vorgeheizten Backofen 20–30 Minuten backen.

Noch heiß zu Dreiecken schneiden und die Ecken mit Kuvertüre verzieren.

Rezepte mit Pfiff

Mokka-Mandel-Makrone

Maren Münch, Unterreichenbach

Zutaten: *3 Eiweiß · 200g Zucker · 1 Päckchen Vanillezucker · 20 g Speisestärke · 200 g gemahlene Mandeln · 2 EL Kaffeepulver · Backoblaten (5 cm Ø) · Mokkabohnen*

Zubereitung: Das Eiweiß steif schlagen und dabei den Zucker und den Vanillezucker einrieseln lassen. 1 EL Eischnee in eine Schüssel geben und beiseitestellen.

Zum übrigen Eischnee die Speisestärke, die Mandeln und das Kaffeepulver zugeben und unterheben.

Backoblaten auf ein mit Backpapier ausgelegtes Backblech verteilen und je 1 EL Teig daraufgeben.

Die Makrone im auf 150 °C (Ober-/Unterhitze) vorgeheizten Backofen etwa 20 Minuten backen. Auskühlen lassen.

Von dem beiseitegestellten Eischnee jeweils einen kleinen Klecks auf die Makronen geben und mit einer Mokkabohne verzieren.

Weihnachtliche Linzertorten-Würfel

Gerlinde Kretschmann, Sigmaringen

Zutaten: *250 g Mehl · 250 g Butter · 250 g Rohrzucker · 250 g geschälte und gemahlene Mandeln · 1 Ei · 1 Päckchen Vanillezucker · 1 Schuss Kirschwasser oder Himbeergeist · 1–2 EL Kakaopulver (ungesüßt) · 1–2 TL Zimt · 2 Msp. gemahlene Nelken · 1 Msp. gemahlener Kardamom · 1 großes Glas gute Himbeermarmelade*

Zubereitung: Das Mehl in eine Schüssel sieben und die Butter in Stückchen dazugeben. Die übrigen Zutaten bis auf die Marmelade zufügen und alles zu einem glatten Teig verkneten. Den Teig zu einer Kugel formen und abgedeckt 1 Stunde kalt stellen.

Die Himbeermarmelade glatt rühren und beiseitestellen. Zwei Drittel des Teigs gleichmäßig und sehr dünn auf einem gefetteten Backblech auswellen. Die Marmelade auf dem Teigboden verstreichen.

Den übrigen Teig ebenfalls sehr dünn auswellen und in schmale Streifen schneiden. Die Streifen gitterförmig auf die mit Marmelade bestrichene Teigplatte legen, sodass ein Rautenmuster entsteht.

Im auf 180 °C (Ober-/Unterhitze) vorgeheizten Backofen 25–30 Minuten backen. Auskühlen lassen.

Den Kuchen in kleine Würfel schneiden und in einer luftdicht schließenden Dose an einem kühlen Ort aufbewahren.

Tipps & Tricks: Am leckersten werden die Linzer Würfel mit einer hochwertigen Marmeladenfüllung, am besten natürlich mit einer selbst gemachten Himbeermarmelade, die noch nach Sommer schmeckt.

Statt Zimt, Nelken und Kardamom kann man auch 1 TL Lebkuchengewürz verwenden.

Wichtig ist, dass der Kuchen schön flach ist, damit die Würfel nicht zu dick werden. Ebenso sollten die Teigstreifen für das Gitter sehr schmal sein und eng gelegt werden, damit sie auch auf den kleinen Würfeln noch zur Geltung kommen.

Rehfüßchen

Theresia Axmann, Neresheim

Zutaten: *3 Eiweiß · 50 g Puderzucker · 250 g Marzipanrohmasse · 8 Zwieback, zerbröselt · 100 g Kuvertüre, geschmolzen*

Zubereitung: Das Eiweiß steif schlagen und mit dem Puderzucker schaumig rühren. Die Marzipanmasse weich kneten und mit den Zwiebackbröseln unter den Eischnee mischen.

Den Teig zu kleinen Makronen formen, auf ein mit Backpapier ausgelegtes Backblech geben und im auf 180 °C (Ober-/Unterhitze) vorgeheizten Backofen etwa 15 Minuten backen.

Die noch warmen Rehfüßchen mit der flüssigen Kuvertüre dünn bestreichen.

Tipps & Tricks: Den Zwieback zum Zerbröseln in einen Gefrierbeutel geben, diesen verschließen und mit einem Wellholz darüberrollen.

Weiße Macadamiaküsschen `OHNE EI`

Susanne Frank, Weißbach

Zutaten: *50 g geröstete und gesalzene Macadamianüsse · 100 g weiße Schokolade · 130 g Mehl · 40 g Speisestärke · 30 g Puderzucker · Mark einer Vanilleschote · 120 g kalte Butter · Garnitur: 100 g weiße Schokolade*

Zubereitung: Die Macadamianüsse und die weiße Schokolade fein hacken. Das Mehl mit der Speisestärke und dem Puderzucker vermischen. Das Vanillemark und die Butter zufügen und alles zu einem glatten Teig vermengen. Die Nüsse und die gehackte Schokolade unterkneten.

Aus dem Teig walnussgroße Kugeln formen und auf ein mit Backpapier ausgelegtes Backblech geben. Mithilfe eines Kochlöffelstiels kleine Mulden in die Mitte der Plätzchen drücken.

Im auf 175 °C (Ober-/Unterhitze) vorgeheizten Backofen 10–12 Minuten backen. Abkühlen lassen.

Für die Garnitur die Schokolade über einem Wasserbad schmelzen und mithilfe eines Spritzbeutels in die Mulden der Plätzchen füllen.

Schokoli

OHNE EI

Stefanie Kötzle, Sachsenheim

Zutaten: *75 g Mehl · 250 g Speisestärke · 100 g Puderzucker · 30 g Kakaopulver (ungesüßt) · 1 Päckchen Vanillezucker · 50 g Butter · 100 g ganze Haselnüsse · Puderzucker zum Bestauben*

Zubereitung: Das Mehl, die Speisestärke, den Puderzucker und das Kakaopulver in eine Schüssel sieben. Den Vanillezucker untermischen und die Butter in Flöckchen zugeben.

Alles zu einem glatten Teig verkneten, diesen zu einer Kugel formen und in Frischhaltefolie gewickelt 1 Stunde kalt stellen.

Den Teig zu Rollen (2 cm Ø) formen und diese in 1 cm dicke Scheiben schneiden. Die Scheiben mit je einer Nuss belegen und zu Kugeln formen.

Die Schokoli auf ein mit Backpapier ausgelegtes Backblech geben und im auf 175 °C (Ober-/Unterhitze) vorgeheizten Backofen etwa 12 Minuten backen.

Die noch warmen Schokoli mit Puderzucker bestauben.

Weinringle

Barbara Müller, Ihringen

Zutaten: *500 g Mehl · 135 g Zucker · 300 g Butter · 125 ml Wein · 1 Eigelb, verquirlt · Hagelzucker*

Zubereitung: Das Mehl, den Zucker, die Butter und den Wein zu einem glatten Teig verarbeiten.

Den Teig zu einer Kugel formen und in Frischhaltefolie gewickelt 1 Stunde kalt stellen.

Den Teig auswellen und runde Plätzchen ausstechen.

Die Weinringle auf ein mit Backpapier ausgelegtes Backblech geben, mit dem Eigelb bestreichen und mit Hagelzucker bestreuen.

Im auf 180 °C (Ober-/Unterhitze) vorgeheizten Backofen etwa 10 Minuten backen.

Tipps & Tricks: Bei diesem einfachen, günstigen und schnellen Rezept kann man den Wein auch durch Orangensaft ersetzen.

Marzipankordeln

Maria Benz, Appenweier

Zutaten: *100 g Butter · 75 g Puderzucker · 1 Päckchen Vanillezucker · 1 Ei · 50 g Marzipanrohmasse · 180 g Mehl · 1 Päckchen Orangenzucker · 50 g feine Haferflocken · 2 TL Kakaopulver (ungesüßt)*

Zubereitung: Die Butter, den Puderzucker, den Vanillezucker und das Ei schaumig rühren. Das Marzipan raspeln und dazugeben.

Das Mehl darübersieben, den Orangenzucker und die Haferflocken untermischen und alles zu einem glatten Teig verarbeiten.

Den Teig halbieren und unter die eine Hälfte das Kakaopulver kneten. Jeweils zu einer Kugel formen und in Frischhaltefolie gewickelt 4 Stunden kalt stellen.

Den Teig zu dünnen Rollen formen und jeweils eine helle und eine dunkle zu einer Kordel verdrehen. Die Marzipankordeln in 5 cm lange Stücke schneiden und auf ein mit Backpapier ausgelegtes Backblech geben.

Im auf 180 °C (Umluft) vorgeheizten Backofen 12–15 Minuten backen.

Champagnerplätzchen

Siglinde Selow, Tamm

Zutaten: *Teig: 125 g Mehl · 50 g Puderzucker · 1 Päckchen Vanillezucker · Abrieb von ½ unbehandelten Zitrone · 1 Prise Salz · 2 Eigelb · 60 g kalte Butter · **Füllung und Garnitur:** 150 g weiße Schokolade · 40 g Butter · 40 g Puderzucker · 4 EL Champagner · Abrieb von ½ unbehandelten Zitrone · 1 EL Zitronensaft*

Zubereitung: Für den Teig alle Zutaten verkneten, zu einer Kugel formen und in Frischhaltefolie gewickelt 1 Stunde kalt stellen.

Den Teig auf einer bemehlten Arbeitsfläche 2 mm dick auswellen. Kreise (6 cm Ø) ausstechen und diese auf ein mit Backpapier ausgelegtes Backblech geben.

Im auf 200 °C (Ober-/Unterhitze) vorgeheizten Backofen 7–10 Minuten backen.

Für die Füllung 100 g Schokolade über einem Wasserbad schmelzen. Die Butter und den Puderzucker schaumig schlagen. Die geschmolzene Schokolade, den Champagner, den Zitronenabrieb und den Zitronensaft zufügen und alles kräftig verrühren.

Die Masse auf der Hälfte der Plätzchen verstreichen. Die übrigen Plätzchen auflegen.

Die restliche Schokolade über dem Wasserbad schmelzen und in einen kleinen Gefrierbeutel füllen. Eine Ecke abschneiden und die Champagnerplätzchen mit der Schokolade garnieren.

Rumkugeln

OHNE EI

Manuela Seifritz, Dotternhausen

Zutaten: *160 g weiche Butter · 600 g Blockschokolade, gerieben · 5 EL Rum · 5 EL Sahne · 250 g Kokosflocken oder Schokostreusel*

Zubereitung: Die Butter in einer Schüssel schaumig rühren. Die Blockschokolade, den Rum und die Milch zugeben und alles zu einer glatten Masse verrühren. Über Nacht abgedeckt kalt stellen.

Die Masse mit einem Teelöffel abstechen und zu kleinen Kugeln formen. Die Rumkugeln nach Belieben in Kokosflocken oder Schokostreuseln wenden.

Tipps & Tricks: Rumkugeln sind nicht nur zur Weihnachtszeit eine nette Geschenkidee. Ob in einem Cellophantütchen mit schöner Schleife oder mit Pralinenförmchen aus Papier in einer Spanschachtel verpackt – selbst gemacht kommen sie bei Familie und Freunden garantiert gut an.

Brezeln mit Rum

Ida Nell, Bad Saulgau

Zutaten: *Teig: 300 g Mehl · 100 g Puderzucker · 1 Eigelb · 1 Prise Salz · 1 EL brauner Rum · 200 g Butter · Guss: 2–3 EL Rum · 150 g Puderzucker · 1 Eiweiß*

Zubereitung: Das Mehl und den Puderzucker auf eine Arbeitsfläche sieben und in die Mitte eine Mulde drücken. Das Eigelb, das Salz und den Rum in die Mulde geben und die Butter in Flöckchen auf den Rand setzen. Die Zutaten von außen nach innen schnell verkneten, den Teig zu einer Kugel formen und in Frischhaltefolie gewickelt 1 Stunde kalt stellen.

Den Teig zu einer Rolle kneten, diese in etwa 50 Stücke teilen und zu kleinen Brezeln formen.

Die Brezeln auf ein mit Backpapier ausgelegtes Backblech geben und im auf 175 °C (Ober-/Unterhitze) vorgeheizten Backofen in etwa 10 Minuten hell backen.

Für den Guss den Rum, den Puderzucker und das Eiweiß gut verrühren. Die Brezeln vorsichtig vom Blech lösen, in den Guss tauchen und auf einem Kuchengitter trocknen lassen.

Rumhütchen

Beate Heckmann, Hirschorn

Zutaten: *Hütchen: 200 g gemahlene Löffelbiskuits · 150 g Puderzucker · 120 g Butter · 2 EL Kakaopulver (ungesüßt) · 3 EL Rum · 2 EL Kondensmilch · Füllung: 150 g Puderzucker · 120 g Butter · 2 Eigelb · 4 EL Rum · 1 EL Eierlikör · Boden: 200 g runde Eierbiskuits · Garnierung: Puderzucker · Schokoglasur, geschmolzen*

Zubereitung: Für die Hütchen alle Zutaten vermengen, kleine Kugeln formen und diese abgedeckt kalt stellen.

Für die Füllung alle Zutaten zu einer cremigen Masse verrühren und in einen Spritzbeutel füllen.

Die Teigkugeln in Puderzucker wenden, zu kleinen hohlen Hütchen formen und die Füllung einspritzen. Je ein Eierbiskuit als Boden auflegen. Die Rumhütchen mit der Schokoglasur bestreichen.

Tipps & Tricks: Am besten schmecken die Rumhütchen, wenn sie zwei bis drei Wochen durchgezogen sind.

Zum Formen eignet sich eine Hütchen-Pralinenform oder ein Löffel zum Portionieren von Kaffee.

Lebkuchen-Charlotte

Joachim Feinauer

Zutaten: *Biskuitteig:* 5 Eier · 110 g Zucker · Abrieb von 1 unbehandelten Zitrone · Mark einer Vanilleschote · 1 Prise Salz · 50 g Mehl · 50 g Speisestärke · **Lebkuchensahne:** 80 g Lebkuchen, fein gewürfelt · 100 g Zucker · 20 ml Amaretto · 4 Eier · 80 g flüssige Sahne · 1 Päckchen Vanillezucker · 10 g Lebkuchengewürz · 6 Blatt Gelatine · 750 g süße Sahne, geschlagen · Garnierung: Früchte nach Belieben

Zubereitung: Für den Biskuitteig die Eier trennen und das Eiweiß beiseitestellen. Das Eigelb, 25 g Zucker, den Zitronenabrieb und die Vanille schaumig rühren. Das Eiweiß mit dem übrigen Zucker und dem Salz zu Eischnee schlagen.

Etwas Eischnee unter die Eigelbmasse leicht unterrühren. Dann den übrigen Eischnee mithilfe eines Spatels vorsichtig unterheben, damit die Schaummasse nicht an Volumen verliert. Das Mehl mit der Speisestärke mischen und vorsichtig unter die schaumige Eimasse heben.

Den Teig in einen Spritzbeutel mit Lochtülle füllen.

Auf ein mit Backpapier ausgelegtes Backblech 2 Streifen (je 44 cm lang und 6 cm breit) und einen kreisförmigen Boden (25 cm Ø) aufspritzen. Die Streifen mit Zucker bestreuen. Im auf 200 °C (Ober-/Unterhitze) vorgeheizten Backofen 20 Minuten backen.

Die Lebkuchenwürfel in eine Schüssel geben. 20 g Zucker mit 20 ml Wasser aufkochen, abkühlen lassen, den Amaretto unterrühren, über den Lebkuchen gießen und durchziehen lassen.

Die Eier trennen und das Eiweiß beiseitestellen. Die flüssige Sahne, das Eigelb, den übrigen Zucker, den Vanillezucker und das Lebkuchengewürz bei niedriger Temperatur unter Rühren erwärmen, bis die Masse cremig ist. Die Gelatine einweichen und in die Creme einrühren. Etwas geschlagene Sahne leicht unterrühren und dann die restliche Schlagsahne unterheben. Die Lebkuchenwürfel dazugeben.

Die Biskuitstreifen in 2 cm breite Stücke teilen und den gefetteten Rand einer Springform (26 cm Ø) damit auskleiden. Den Biskuitboden einlegen und die Lebkuchensahne einfüllen. Den Kuchen für mindestens 7 Stunden kalt stellen.

Die Lebkuchen-Charlotte mit Früchten nach Belieben dekorieren.

Kirschbusserl

Patricia Heim, Wangen im Allgäu

Zutaten: *Füllung: 1 ½ Gläser Sauerkirschen · 10 EL Amaretto · **Teig:** 500 g Mehl · 300 g gemahlene Mandeln · 400 g Butter · 300 g Zucker · 2 Päckchen Vanillezucker · 4 Eigelb · 1 Prise Salz · 1 Röhrchen Bittermandel-Aroma · **Glasur:** 400 g Zartbitter-Kuvertüre · 30 g Kokosfett*

Zubereitung: Für die Füllung die Sauer-kirschen in einem Sieb abtropfen lassen. Mit Amaretto beträufeln und über Nacht durchziehen lassen.

Für den Teig das Mehl mit den Mandeln, der Butter, dem Zucker, dem Vanillezucker, dem Eigelb, dem Salz und dem Bittermandel-Aroma verkneten. Den Teig zu einer Kugel formen und in Frischhaltefolie gewickelt 1 Stunde kalt stellen.

Den Teig halbieren und auf einer bemehlten Arbeitsfläche jeweils zu einer 40 cm langen Rolle formen. Mit einem scharfen Messer 1 cm dicke Scheiben abschneiden und diese mit dem Handballen etwas flach drücken. Die Scheiben mit je einer Kirsche belegen, den Teig darüber schlagen, vorsichtig zudrü-cken und zu Kugeln formen.

Die Kirschbusserl mit etwas Abstand auf ein mit Backpapier ausgelegtes Backblech geben und im auf 180 °C (Ober-/Unterhitze) vorge-heizten Backofen etwa 15 Minuten backen. Auf einem Kuchengitter auskühlen lassen.

Für die Glasur die Kuvertüre mit dem Kokosfett über einem Wasserbad schmelzen. Die Plätzchen mit der Kuvertüre bestreichen und trocknen lassen.

Lavendelkekse

Claudia Kramer, Dornstadt

Zutaten: *Teig:* 190 g kalte Butter · 80 g Rohrohrzucker · 1 Ei · 350 g Dinkelmehl (Type 630) · 1 Päckchen Vanillezucker · ½ TL Backpulver · 1 TL Lavendelblüten · *Garnierung:* Zucker zum Bestreuen

Zubereitung: Für den Teig alle Zutaten verkneten, zu einer Kugel formen und in Frischhaltefolie gewickelt 1 Stunde kalt stellen.

Den Teig auswellen und nach Belieben ausstechen, z. B. Blüten, Blätter oder Tannenbäumchen.

Die Lavendelkekse auf ein mit Backpapier ausgelegtes Backblech geben und im auf 180 °C (Umluft) vorgeheizten Backofen 8–10 Minuten backen.

Die noch heißen Lavendelkekse mit Zucker bestreuen.

Tipps & Tricks: Nicht zu viele Lavendelblüten verwenden, sonst schmecken die Kekse zu intensiv.

Zitronenküsse

OHNE EI

Sigrid Heinzelmann, Neufra

Zutaten: *Teig:* 225 g Dinkelmehl (Type 630) oder Weizenmehl (Type 550) · 100 g weiche Butter · 50 g Zucker · 1 TL Vanillezucker · 1 Prise Salz · 100 g Lemon Curd · **Füllung:** 4 EL Lemon Curd · **Guss:** 50 g Puderzucker · 10 ml Zitronensaft

Zubereitung: Für den Teig alle Zutaten gut verkneten und in Frischhaltefolie gewickelt über Nacht kalt stellen.

Den Teig kurz durchkneten und zu einer etwa 40 cm langen Rolle formen. Die Teigrolle in 1 cm breite Scheiben schneiden und diese zu kleinen Kugeln formen. Die Teigkugeln auf ein mit Backpapier ausgelegtes Backblech geben. Mit einem mehlbestaubten Holzlöffelstiel kleine Mulden in die Mitte der Teigkugeln drücken.

Für die Füllung den Lemon Curd glatt rühren und in die Mulden füllen.

Die Zitronenküsse im auf 180 °C (Ober-/ Unterhitze) vorgeheizten Backofen etwa 12 Minuten backen, bis sie von unten leicht braun sind. Auskühlen lassen.

Für den Guss den Puderzucker mit dem Zitronensaft glatt rühren und die Zitronenküsse damit nach Belieben verzieren.

Wiener Zimtgebäck

Inge Längle, Raithaslach

Zutaten: *200 g Mehl · 65 g Zucker · 65 g gemahlene Mandeln · 1 Ei · 125 g Butter, in Flöckchen · **Zum Bestreuen:** 50 g Zucker · ½ TL Zimt · **Füllung und zum Bestauben:** 200 g Johannisbeergelee · 50 g Puderzucker · ½ TL Zimt*

Zubereitung: Das Mehl auf eine Arbeitsfläche sieben und den Zucker mit den Mandeln darauf verteilen. Eine Mulde eindrücken und das Ei sowie die Butter hineingeben. Alles rasch zu einem glatten Teig verkneten, zu einer Kugel formen und in Frischhaltefolie gewickelt 2 Stunden kalt stellen.

Den Teig kurz durchkneten und auf einer bemehlten Arbeitsfläche 3 mm dick auswellen. Mit einem runden Backförmchen mit gewelltem Rand ausstechen und die Hälfte der Plätzchen mit je einem kleinen Loch in Herz- oder Sternform versehen.

Den Zucker mit dem Zimt mischen. Die Plätzchen auf ein mit Backpapier ausgelegtes Backblech geben und mit dem Zimtzucker bestreuen.

Im auf 190 °C (Ober-/Unterhitze) vorgeheizten Backofen 8–10 Minuten backen. Abkühlen lassen.

Für die Füllung das Johannisbeergelee erwärmen und auf die nicht durchgestochenen Plätzchen streichen.

Den Puderzucker mit dem Zimt mischen und die übrigen Plätzchen damit bestauben.

Jeweils zwei Plätzchen zusammensetzen und noch etwas Gelee in die Mitte füllen.

Glühweintörtchen

Margarete Wurst, Friedrichshafen

Zutaten: *Gelee: 125 ml Rotwein · Abrieb von 1 unbehandelten Orange · 1 Aufgussbeutel für Glühwein · 125 ml Traubensaft · 75 g Gelierzucker (3:1) · **Teig:** 200 g Butter · 140 g Zucker · Mark einer Vanilleschote · 1 Prise Salz · 1 Ei · 300 g Mehl · 100 g geschälte und gemahlene Mandeln · **Zum Bestauben:** 200 g Puderzucker*

Zubereitung: Für das Gelee den Wein mit dem Orangenabrieb und dem Aufgussbeutel für Glühwein aufkochen. Vom Herd nehmen und abgedeckt mindestens 2 Stunden ziehen lassen. Abseihen und den Sud in einen Topf geben.

Den Sud mit dem Traubensaft und dem Gelierzucker aufkochen und 3 Minuten kochen lassen. Das Gelee in ein heiß ausgespültes sterilisiertes Glas abfüllen und auskühlen lassen.

Für den Teig alle Zutaten zu einer homogenen Masse verkneten, zu einer Kugel formen und in Frischhaltefolie gewickelt 1 Stunde kalt stellen.

Den Teig auswellen und zu zwei oder drei unterschiedlich großen Formen ausstechen, sodass man sie später terrassenförmig zusammensetzen kann.

Die Plätzchen auf ein mit Backpapier ausgelegtes Backblech geben und im auf 180 °C (Ober-/Unterhitze) vorgeheizten Backofen 9–12 Minuten backen.

Die Hälfte des Gelees erhitzen, glatt rühren und jeweils zwei oder drei Plätzchen damit zusammenkleben. Mit Puderzucker bestauben und je einen Tupfen Gelee aufsetzen.

Tipps & Tricks: Das übrige Gelee im Kühlschrank aufbewahren und für die nächste Runde Glühweintörtchen verwenden.

Orangenplätzchen

Günter Marutschke, Herzogau

Zutaten: *100 g Marzipanrohmasse, fein gerieben · 200 g weiche Butter · 100 g Puderzucker · Abrieb von 2 unbehandelten Orangen · 4 Eigelb · 260 g Mehl · **Füllung:** ½ Glas Orangenmarmelade · 2 TL Orangenlikör · **Guss:** Saft einer Orange · 1 TL Orangenlikör · Puderzucker*

Zubereitung: Das Marzipan, die Butter und den Puderzucker vermengen. Den Orangenabrieb und das Eigelb dazugeben. Das Mehl unterheben. Den Teig in einen Spritzbeutel füllen und auf ein mit Backpapier ausgelegtes Backblech 2 ½ cm lange Stäbchen spritzen.

Im auf 175 °C (Ober-/Unterhitze) vorgeheizten Backofen etwa 10 Minuten backen. Auskühlen lassen.

Für die Füllung die Marmelade mit dem Likör glatt rühren. Die Hälfte der Stäbchen damit bestreichen und die übrigen aufsetzen.

Für den Guss den Orangensaft und den Likör mit so viel Puderzucker glatt rühren, bis eine cremige Konsistenz entsteht. Die Stäbchen damit bestreichen und trocknen lassen.

Ingwer-Schmalz-Gebäck

Bianca Griesinger, Unterensingen

Zutaten: *450 g Dinkelmehl · 1 Päckchen Backpulver · 250 g weiches Schweineschmalz · 160 g brauner Zucker · 5 gehäufte EL Ingwermarmelade · **Garnierung:** Ingwermarmelade · Zartbitter-Kuvertüre, geschmolzen*

Zubereitung: Das Mehl, das Backpulver, den Schmalz, den Zucker und die Marmelade mit den Händen zu einem Teig verkneten. Den Teig dritteln, zu je 3 cm dicken Rollen formen und diese in 1 cm dicke Scheiben schneiden.

Die Teigscheiben auf ein mit Backpapier ausgelegtes Backblech geben und mit der Ingwermarmelade bestreichen.

Das Ingwer-Schmalz-Gebäck im auf 180 °C (Umluft) vorgeheizten Backofen etwa 10 Minuten backen. Auskühlen lassen.

Das Gebäck nach Belieben in die Kuvertüre eintauchen oder damit verzieren.

Tipps & Tricks: Wenn nur eine leichte Ingwerschärfe gewünscht ist, die Kekse vor dem Backen nur dünn mit der Marmelade bestreichen. Für einen intensiveren Ingwergeschmack kann man zusätzlich fein gehackten kandierten Ingwer unter den Teig mischen.

Kleine
Kunstwerke

Kokoswölkchen

Juliane Vees, Eutingen-Weitingen
Präsidentin LandfrauenVerband
Württemberg-Hohenzollern

Zutaten: *4 Eiweiß · 250 g Zucker ·*
300 g Kokosraspel · 4 TL Zitronensaft ·
1 Prise Zimt · 300 g weiße Kuvertüre

Zubereitung: Das Eiweiß in einer
Metallschüssel steif schlagen. Den
Zucker nach und nach einrieseln lassen und weiterschlagen, bis die Masse
glänzt und Spitzen zieht.

Die Schüssel in ein heißes Wasserbad
setzen und die Masse 8–10 Minuten
weiterschlagen, bis sie etwas zäh
wird. Die Schüssel aus dem Wasserbad nehmen.

Die Kokosraspel, den Zitronensaft
und den Zimt unter die Eischnee-
masse ziehen.

Mithilfe von zwei Teelöffeln 4–6 cm
lange »Wölkchen« auf ein mit
Backpapier ausgelegtes Backblech
setzen und im auf 150 °C (Ober-/
Unterhitze) vorgeheizten Backofen
etwa 15 Minuten backen. Auf einem
Kuchengitter abkühlen lassen.

Die Kuvertüre über einem Wasserbad
schmelzen und die Wölkchen so eintauchen, dass sie »Füßchen« bekommen. Auf Backpapier trocknen lassen.

Die restliche Kuvertüre in einen
kleinen Plastikbeutel füllen, eine Ecke
abschneiden, die Kokoswölkchen mit
Linien verzieren und trocknen lassen.

Schwarz-weiße Tierplätzchen

Gabriele Speck, Neuenstadt

Zutaten: *200 g Mehl · 50 g Stärkemehl · 1 TL Backpulver · 100 g Puderzucker · 1 Ei · 150 g kalte Butter · 50 g Kakaopulver (ungesüßt) · Nussnougatcreme (optional)*

Zubereitung: Alle Zutaten bis auf Kakaopulver und Nussnougatcreme verkneten. Den Teig halbieren und unter die eine Hälfte das Kakaopulver kneten. Beide Teige zu Kugeln formen und in Frischhaltefolie gewickelt 1 Stunde kalt stellen.

Die Teigkugeln in jeweils 5 Stücke teilen und diese etwas auswellen. Die Teigfladen abwechselnd (schwarz-weiß) leicht überlappend aufeinanderlegen und zusammen 5 mm dick auswellen.

Mit Tier-Ausstechformen (z. B. Kuh, Hund oder Katze) Plätzchen ausstechen. Auf ein mit Backpapier ausgelegtes Backblech geben und im auf 180 °C (Ober-/Unterhitze) vorgeheizten Backofen etwa 10 Minuten backen.

Tipps & Tricks: Für stehende Tierplätzchen jeweils eine Hälfte der ausgestochenen Formen seitenverkehrt auf das Blech legen und nach dem Backen immer zwei Teile mit Nussnougatcreme zusammenkleben.

Schoko-Marzipan-Kugeln

`OHNE EI`

Wolfgang Schmidt, Achern

Zutaten: *Teig: 250 g Butter · 100 g Puderzucker · 100 g Speisestärke · 225 g Mehl · 30 g Kakaopulver (ungesüßt) · 1 Päckchen Vanillezucker ·* **Füllung:** *150 g Marzipanrohmasse · 150 g Puderzucker · 1 TL Rosenwasser ·* **Guss:** *250 g Puderzucker · 8 EL Rum*

Zubereitung: Für den Teig alle Zutaten verkneten, zu einer Rolle (2 cm Ø) formen und diese in 1 cm dicke Scheiben schneiden.

Für die Füllung das Marzipan, den Puderzucker und das Rosenwasser gut miteinander verkneten. Aus dem Marzipanteig eine Rolle formen und in Scheiben schneiden (Anzahl wie beim Teig). Daraus Kügelchen formen, diese auf die Teigscheiben legen und zu Kugeln formen.

Die Kugeln auf ein mit Backpapier ausgelegtes Backblech legen und im auf 180 °C (Ober-/Unterhitze) vorgeheizten Backofen etwa 12 Minuten backen. Auskühlen lassen.

Für den Guss den Puderzucker mit dem Rum glatt rühren und die Kugeln damit überziehen.

Tipps & Tricks: Wenn Kinder mitnaschen, kann der Guss auch mit Zitronensaft angerührt werden.

Nuss-Marzipan-Taler

OHNE EI

Ulrike Haußmann, Wangen im Allgäu

Zutaten: *Teig: 150 g Mehl · 1 gestr. TL Backpulver · 75 g Zucker · 1 Päckchen Vanillezucker · 125 g kalte Butter · 150 g gemahlene
Haselnüsse · **Belag**: 250 g Marzipanrohmasse ·
150 g Puderzucker · Aprikosenkonfitüre ·
Guss: 75 g Puderzucker · 2 EL Rum · Walnuss-
hälften zum Belegen*

Zubereitung: Für den Teig alle Zutaten mit
2 EL kaltem Wasser verkneten und in Frischhaltefolie gewickelt über Nacht kalt stellen.

Den Teig dünn auswellen und runde Taler
(4 cm Ø) ausstechen. Die Taler auf ein mit
Backpapier ausgelegtes Backblech setzen und
im auf 175 °C (Ober-/Unterhitze) vorgeheizten Backofen 8–10 Minuten backen. Etwas
abkühlen lassen.

Für den Belag das Marzipan mit dem Puderzucker verkneten und dünn auswellen. Runde
Taler (4 cm Ø) ausstechen. In die Mitte der
Teigtaler etwas Aprikosenkonfitüre streichen
und je einen Marzipantaler auflegen.

Für den Guss den Puderzucker und den
Rum glatt rühren, auf das Marzipan klecksen
und mit einer halben Walnuss belegen.

Eisenbahnschienen

Tanja Froehlich, Deggenhausertal

Zutaten: *300 g Mehl · 200 g Butter · 100 g Zucker · 1 Prise Salz · 2 Eier · 400 g Marzipanrohmasse · 75 g Puderzucker · 4 EL Milch · 1 Eigelb · 2 EL Sahne · 200 g Konfitüre*

Zubereitung: Das Mehl, die Butter, den Zucker, das Salz und 1 Ei zsammen zu einem glatten Teig verkneten und in Frischhaltefolie gewickelt 30 Minuten kalt stellen.

Den Teig zu einem Quadrat (25 x 25 cm) auswellen, auf ein mit Backpapier ausgelegtes Backblech geben und im auf 200 °C (Ober-/Unterhitze) vorgeheizten Backofen 10 Minuten backen. Den noch warmen Boden in 5 cm breite Streifen schneiden.

Das Marzipan und den Puderzucker verkneten. Nach und nach die Milch und das übrige Ei untermengen und so lange rühren, bis eine homogene Masse entstanden ist.

Die Marzipancreme in einen Spritzbeutel mit kleiner Sterntülle füllen. Auf die beiden langen Seiten der Plätzchenstreifen Linien spritzen. Das Eigelb und die Sahne verquirlen und die Marzipanstreifen damit bepinseln.

Im auf 200 °C (Ober-/Unterhitze) vorgeheizten Backofen etwa 12 Minuten backen.

Die Konfitüre erwärmen und zwischen den Marzipanstreifen auf dem Gebäck verteilen. Abkühlen lassen und in 1–2 cm breite Stücke (Eisenbahnschienen) schneiden.

Weihnachtliches Schokoladenbrot

Sigrid Tisch, Schwäbisch Gmünd

Zutaten: *Rührteig: 250 g weiche Butter · 250 g Zucker · 6 Eier · 100 g Mehl, gesiebt · 1 ½ TL Lebkuchengewürz und 1 TL Zimt (optional) · 250 g Blockschokolade, geraspelt · 250 g gemahlene Mandeln · **Guss:** 1 Ei · 2 EL Puderzucker, gesiebt · 2 EL Milch · 2 EL Kakaopulver (ungesüßt) · 125 g Kokosfett*

Zubereitung: Für den Teig die Butter in einer Schüssel schaumig rühren und dabei nach und nach den Zucker und die Eier zugeben. Das Mehl nach Belieben mit Lebkuchengewürz und Zimt mischen. Mehl, Schokolade und gemahlene Mandeln in die Schüssel geben und unterrühren.

Den Teig auf ein gefettetes Backblech (mit Backrahmen) gleichmäßig verteilen und im auf 150 °C (Umluft) vorgeheizten Backofen 30–40 Minuten backen. Die Garprobe mit einem Holzstäbchen machen. Die Backzeit ist erreicht, wenn beim Herausziehen kein Teig daran haftet.

Für den Guss das Ei mit dem Puderzucker schaumig schlagen, dann die Milch und das Kakaopulver unterrühren. Das Kokosfett erwärmen, bis es flüssig ist, aber nicht zu stark erhitzen und in dünnem Strahl unter kräftigem Rühren dazugeben, bis eine cremige Schokomasse entsteht. Die Masse sofort auf dem gebackenen Teig verstreichen.

Das Schokoladenbrot über Nacht ruhen lassen und dann in rautenförmige Häppchen schneiden. In einer mit Butterbrotpapier ausgelegten Blechdose aufbewahren.

Tipps & Tricks: Falls die Schokoladenmasse zu fest geworden ist, kann man sie über einem Wasserbad wieder schmelzen.

Mandelhörnchen

GLUTENFREI

Brigitte Hauser, Blaustein

Zutaten: *Teig: 200 g Marzipanrohmasse, grob geraspelt · 100 g Puderzucker · 1 TL Lebkuchengewürz · 1 TL Mandelsirup · 1 Eiweiß · 1 Eigelb · 1 EL Orangensaft · 60 g gehobelte Mandeln · Guss: 100 g Halbbitter-Kuvertüre · 50 g dunkle Kuchenglasur*

Zubereitung: Für den Teig das Marzipan mit dem Puderzucker, dem Lebkuchengewürz, dem Mandelsirup und dem Eiweiß zu einer glatten Masse verrühren. Den Teig mithilfe eines Spritzbeutels hörnchenförmig auf ein mit Backpapier ausgelegtes Backblech spritzen.

Das Eigelb mit dem Orangensaft verquirlen, die Hörnchen damit dünn bestreichen und mit den Mandeln bestreuen.

Die Mandelhörnchen im auf 170 °C (Ober-/Unterhitze) vorgeheizten Backofen etwa 15 Minuten backen. Abkühlen lassen.

Für den Guss die Kuvertüre mit der Kuchenglasur über einem Wasserbad schmelzen und die Spitzen der Mandelhörnchen darin eintauchen. Abtropfen und fest werden lassen.

Flammende Herzen

Michael Blöchle, Dornhan

Zutaten: *250 g Butter · 1 Ei · 1 Eigelb · 85 g Puderzucker · 1 Prise Salz · ½ TL Vanilleextrakt · 70 g Marzipanrohmasse · Abrieb von ½ unbehandelten Zitrone · 200 g Mehl · 100 g Weizendunst (doppelgriffiges Mehl) · 125 g Nussnougatcreme · 100 g Zartbitter-Kuvertüre*

Zubereitung: Die Butter, das Ei und das Eigelb, den Puderzucker, das Salz, die Vanille, das Marzipan und den Zitronenabrieb schaumig aufschlagen. Das Mehl mit dem Weizendunst mischen und vorsichtig unterheben.

Den Teig in einen Spritzbeutel mit Sterntülle füllen. Herzen flammenförmig (in Schlangenlinien) in gleicher Größe auf ein mit Backpapier belegtes Backblech spritzen. Im auf 180 °C (Ober-/Unterhitze) vorgeheizten Backofen in 10–15 Minuten hell backen. Auskühlen lassen.

Je zwei Herzen mit der Nussnougatcreme bestreichen und zusammensetzen. Die Kuvertüre über einem Wasserbad schmelzen und die flammenden Herzen mit einer runden Seite und mit der Spitze eintauchen. Abtropfen und fest werden lassen.

Nizzagebäck

Alexander Michl, Aalen

Zutaten: *80 g Zartbitterschokolade · 250 g Butter · 100 g Puderzucker · 2 Eiweiß · 300 g Mehl · 100 g Johannisbeergelee · 200 g Kuvertüre*

Zubereitung: Die Zartbitterschokolade über einem Wasserbad schmelzen und etwas abkühlen lassen.

Die Butter mit dem Puderzucker cremig aufschlagen und die geschmolzene Schokolade unterziehen. Das Eiweiß und das Mehl zugeben und unterrühren.

Den Teig mithilfe eines Spritzbeutels mit Sterntülle in walnussgroßen Tuffs auf ein mit Backpapier belegtes Backblech spritzen. Im auf 180 °C (Ober-/Unterhitze) vorgeheizten Backofen etwa 12 Minuten backen. Abkühlen lassen.

Das Johannisbeergelee glatt rühren. Je eine Hälfte der Plätzchen auf der Unterseite damit bestreichen und die andere Hälfte auflegen.

Die Kuvertüre über einem Wasserbad schmelzen. Das Nizzagebäck bis zur Hälfte darin eintauchen, die Schokolade kurz abtropfen und aushärten lassen.

Rehaugen

Ulla Liebert, Bischofsmais

Zutaten: *Teig:* 165 g weiche Butter · 75 g Zucker · 2 Eigelb · Abrieb von ¼ unbehandelten Zitrone · 1 EL brauner Rum · Mark von ¼ Vanilleschote · 1 Prise Salz · 250 g Mehl, gesiebt · 100 g geröstete und gemahlene Haselnüsse · **Füllung:** 200 g Nougat · Rum · **Garnierung:** 200 g Vollmilchschokolade · 50 g weiße Schokolade · einige Mandeln

Zubereitung: Für den Teig die Butter, den Zucker, die Eigelbe, den Zitronenabrieb, den Rum, das Vanillemark und das Salz zu einer glatten Masse verarbeiten. Das Mehl mit den Haselnüssen mischen und unter die Masse kneten. Den Teig in Frischhaltefolie gewickelt 1 Stunde kalt stellen.

Den Teig 3 mm dick auswellen und kleine Kreise ausstechen. Auf ein mit Backpapier ausgelegtes Backblech geben und im auf 160 °C (Ober-/Unterhitze) vorgeheizten Backofen etwa 25 Minuten backen. Auskühlen lassen.

Für die Füllung den Nougat über einem Wasserbad schmelzen und mit ein paar Tropfen Rum anstocken, sodass der Nougat nicht mehr zerläuft. Je zwei Plätzchen mit der Nougatmasse bestreichen und zusammensetzen.

Für die Garnierung die Vollmilchschokolade über einem Wasserbad schmelzen. Die Plätzchen zur Hälfte eintauchen und auf Backpapier trocknen lassen.

Die weiße Schokolade über einem Wasserbad schmelzen und in einen Spritzbeutel mit kleiner Tülle füllen. Rehaugen auf die Plätzchen spritzen und mit einer Mandel belegen.

Gingerbread

Joachim Habiger

Zutaten: *100 g Butter · 125 g brauner Zucker · 1 Ei · 1 EL Honig · 1 EL frische Ingwerwurzel, geraspelt · ½ TL Zimt oder Lebkuchengewürz · 85 g zarte Haferflocken · 200 g Mehl · ½ TL Backpulver*

Zubereitung: Alle Zutaten rasch zu einem glatten Teig verkneten, diesen zu einer Kugel formen und abgedeckt 1 Stunde kalt stellen.

Dann den Teig fingerdick auswellen und mit beliebigen Formen ausstechen. (Alternativ den Teig dünner auswellen, ausstechen und nach dem Backen mit Eiweißglasur verzieren.)

Auf ein mit Backpapier ausgelegtes Backblech geben und im auf 180 °C (Ober-/Unterhitze) vorgeheizten Backofen etwa 15 Minuten goldgelb backen.

Nach Belieben mit Zuckerguss, Marzipanrohmasse, Zuckerstangen oder Dekor-Oblaten verzieren.

Tipps & Tricks: Wenn man das Gingerbread außerhalb der Weihnachtszeit genießen möchte, kann man den Zimt und das Lebkuchengewürz einfach weglassen.

Knuspersterne mit Quittengelee

Mathilde Rosenke, Eberhardzell

Zutaten: *Teig:* 375 g Mehl · 1 Prise Salz · 1 Ei · 1 TL Backpulver · 200 g Zucker · 1 Päckchen Vanillezucker · 125 g gemahlene Nüsse · 250 g kalte Butter · **Füllung:** 1 Glas Quittengelee · **Garnierung:** 100 g Puderzucker

Zubereitung: Für den Teig alle Zutaten verkneten und in Frischhaltefolie gewickelt 1 Stunde kalt stellen.

Den Teig auf einer bemehlten Arbeitsfläche 5 mm dick auswellen und Sterne ausstechen. Von der Hälfte der Plätzchen einen kleineren Stern in der Mitte ausstechen.

Auf ein mit Backpapier ausgelegtes Backblech geben und im auf 180 °C (Ober-/ Unterhitze) vorgeheizten Backofen 8–10 Minuten backen. Abkühlen lassen.

Für die Füllung das Quittengelee erwärmen und glatt rühren. Die Sterne ohne Loch damit bestreichen, die übrigen Sterne aufsetzen und mit Puderzucker bestauben.

Tipps & Tricks: Wenn noch Füllung übrig bleibt, kann man einen zusätzlichen kleinen Klecks Gelee in die Sternchenlöcher der fertigen Plätzchen geben.

Johannistaler

Katja Kambi, Öhringen

Zutaten: *Teig: 250 g Mehl · 2 TL Backpulver · 100 g Zucker · 1 Päckchen Vanillezucker · 1 Ei · 125 g Margarine · **Heller Zuckerguss:** 200 g Puderzucker · 1 EL Rum · **Dunkler Zuckerguss:** 75 g Puderzucker · 1 leicht gehäufter TL Kakaopulver (ungesüßt) · 1 EL Weinbrand · **Füllung:** 1 Glas Johannisbeergelee*

Zubereitung: Für den Teig das Mehl, das Backpulver, den Zucker und den Vanillezucker, das Ei und die Margarine zu einem glatten Teig verarbeiten. Den Teig zu einer Kugel formen und in Frischhaltefolie gewickelt 30 Minuten kalt stellen.

Den Teig dünn auswellen und mit einer runden Form ausstechen. Die Plätzchen auf ein mit Backpapier ausgelegtes Backblech geben und im auf 180 °C (Ober-/Unterhitze) vorgeheizten Backofen etwa 8 Minuten backen. Abkühlen lassen.

Für den hellen Zuckerguss den Puderzucker mit dem Rum und 2–3 EL Wasser glatt rühren.

Für den dunklen Zuckerguss den Puderzucker mit dem Kakaopulver und dem Weinbrand glatt rühren.

Die eine Hälfte der Plätzchen mit dem hellen Guss bestreichen und sofort darauf mithilfe eines Spritzbeutels einen Ring aus dunklem Guss aufspritzen. Mit einem Zahnstocher ein paar Linien in den noch feuchten Guss von der Mitte zum Rand ziehen, sodass ein schönes Muster entsteht.

Die andere Hälfte der Plätzchen auf der Unterseite mit dem Johannisbeergelee bestreichen und ein Plätzchen mit Guss auflegen.

Mozartplätzchen

Marianne Hefler, Schwäbisch Hall

Zutaten: *Teig: 200 g Mehl · 100 g kalte Butter · 100 g gemahlene Mandeln · 100 g Puderzucker · 1 Päckchen Vanillezucker · 1 Prise Salz · 1 Ei · Füllung: 100 g weiche Butter · 75 g Puderzucker · 80 g gemahlene Pistazien · 1 EL Marillenlikör · Garnierung: 100 g Zartbitter-Kuvertüre · etwa 35 Pistazienkerne*

Zubereitung: Für den Teig alle Zutaten erst mit den Knethaken eines Handrührers und dann mit den Händen zu einem glatten Teig verkneten. Diesen zu einer Kugel formen und in Frischhaltefolie gewickelt 1 Stunde kalt stellen.

Den Teig auf einer bemehlten Arbeitsfläche 3–4 mm dick auswellen. Mit einem runden Ausstecher (4 cm Ø) Plätzchen ausstechen. Die Plätzchen auf ein mit Backpapier ausgelegtes Backblech geben und im auf 175 °C (Ober-/Unterhitze) vorgeheizten Backofen 10–12 Minuten backen. Auskühlen lassen.

Für die Füllung die Butter mit dem Puderzucker cremig rühren. Die gemahlenen Pistazien und den Marillenlikör unterrühren. Die Hälfte der Plätzchen mit der Pistaziencreme bestreichen und die andere Hälfte auflegen.

Für die Garnierung die Kuvertüre über einem Wasserbad schmelzen. Die Ränder der Plätzchen in die Kuvertüre eintauchen und auf Backpapier legen.

Je einen Klecks Kuvertüre auf die Mitte der Mozartplätzchen geben und mit einer Pistazie verzieren.

Ochsenaugen

Sabine Herr, Baden-Baden

Zutaten: *Teig: 250 g Mehl · 150 g kalte Butter · 65 g Zucker · 1 Prise Salz · 1 Ei · 1 Päckchen Vanillezucker · **Garnierung:** 230 g Marzipanrohmasse · 100 g Puderzucker · 1 kleines Eiweiß · 1 TL Rum · 1 Glas Johannisbeergelee*

Zubereitung: Für den Teig alle Zutaten verkneten und in Frischhaltefolie gewickelt 1 Stunde kalt stellen.

Den Teig auf einer bemehlten Arbeitsfläche kurz durchkneten, ½ cm dick auswellen und runde Plätzchen ausstechen.

Für die Garnierung alle Zutaten bis auf das Gelee vermengen, in einen Spritzbeutel mit kleiner Tülle füllen und Ringe auf die Plätzchen spritzen. Auf ein mit Backpapier ausgelegtes Backblech geben und im auf 200 °C (Ober-/Unterhitze) vorgeheizten Backofen etwa 10 Minuten backen.

Das Johannisbeergelee glatt rühren und die Kringel der Plätzchen damit füllen. Bei 200 °C weitere 5 Minuten backen. Auf einem Kuchengitter abkühlen lassen.

Schwalbennester

Annemarie Hölz, Ittenhausen

Zutaten: *125 g weiche Butter · 75 g Zucker · 1 Ei · 250 g Mehl · 1 Prise Salz · 1 TL Zitronensaft · Makronenmasse: 3 Eiweiß · 180 g Zucker · 200 g gemahlene Mandeln · Füllung: 1 Glas Johannisbeergelee*

Zubereitung: Die Butter mit dem Zucker cremig rühren. Das Ei, das Mehl, das Salz und den Zitronensaft zufügen und zu einem homogenen Teig verarbeiten. Den Teig zu einer Kugel formen und in Frischhaltefolie gewickelt 2 Stunden kalt stellen.

Den Teig zwischen zwei Lagen Frischhaltefolie auswellen und runde Plätzchen (4 cm Ø) ausstechen.

Für die Makronenmasse das Eiweiß, den Zucker und die Mandeln bei niedriger Temperatur unter Rühren kurz erwärmen. Etwas abkühlen lassen und mithilfe eines Spritzbeutels mit kleiner Tülle am äußeren Rand der Plätzchen kreisförmig aufspritzen.

Die Plätzchen auf ein mit Backpapier ausgelegtes Backblech geben und im auf 180 °C (Ober-/Unterhitze) vorgeheizten Backofen 15–20 Minuten backen.

Das Johannisbeergelee glatt rühren und jeweils einen Klecks auf die Mitte der Schwalbennester geben.

Klaviertasten

Sigrid Beiner, Rohrbach

Zutaten: *250 g Butter · 250 g feiner Zucker · 250 g Mehl, gesiebt · 250 g gemahlene Haselnüsse · Guss: 3 Eiweiß · 250 g Puderzucker · 2 TL Zitronensaft*

Zubereitung: Die Butter mit dem Zucker schaumig schlagen. Das Mehl mit den Nüssen mischen und nach und nach unterkneten. Den Teig 1 Stunde ruhen lassen.

Den Teig 1 ½ cm dick auswellen und in 6 cm breite Streifen schneiden.

Für den Guss das Eiweiß mit dem Puderzucker und dem Zitronensaft schaumig schlagen, die Teigstreifen damit bestreichen und diese in 1 ½ cm breite Streifen (Klaviertasten) schneiden.

Auf ein mit Backpapier ausgelegtes Backblech geben und im auf 150 °C (Ober-/Unterhitze) vorgeheizten Backofen etwa 15 Minuten backen. Gegen Ende der Backzeit prüfen, ob der Teig von unten her durchgebacken ist. Oben sollten die »Tasten« hell bleiben.

Tipps & Tricks: Für ein paar dunkle Klaviertasten den Guss weglassen und die abgekühlten Plätzchen mit geschmolzener Zartbitter-Kuvertüre überziehen.

Hirtenstäbchen

Renate Jentzsch, Tuningen

Zutaten: *2 Eier · 3 EL Vanillezucker · 125 g Zucker · ½ TL Zimt · 125 g Mehl · ½ TL Backpulver · 50 g Korinthen · 100 g gehobelte Mandeln · 125 g Rumrosinen · 100 g Schoko- raspel · 200 g Kuvertüre, geschmolzen · 1 EL Kokosraspel · 1 EL gehackte Pistazien*

Zubereitung: Die Eier mit 1 EL warmem Wasser schaumig schlagen. Den Vanillezu- cker, den Zucker und den Zimt zugeben und rühren, bis eine cremige Masse entsteht. Das Mehl zusammen mit dem Backpulver unter den Eischaum heben. Die Korinthen, die Mandeln, die Rumrosinen und die Schoko- raspel unterziehen.

Den Teig auf ein gefettetes Backblech (mit Backrahmen) gleichmäßig verteilen und im auf 150 °C (Ober-/Unterhitze) vorgeheizten Backofen 12–15 Minuten backen. Etwas abkühlen lassen.

Die Teigplatte in Stäbchenform schneiden und auf einem Kuchengitter auskühlen lassen.

Die Stäbchen zur Hälfte in die geschmolzene Kuvertüre eintauchen und nach Belieben mit Kokosraspeln und Pistazien bestreuen.

Adventsdukaten

Helga Schöll, Mehrstetten

Zutaten: *125 g Mehl · 1 TL Backpulver · 50 g Zucker · 75 g Butter · 1 Eigelb · ½ Päckchen Vanillezucker · 3 EL weiße Schokolade, geras- pelt · 3 EL Zartbitterschokolade, geraspelt · 1 TL Kakaopulver (ungesüßt)*

Zubereitung: Das Mehl, das Backpulver und den Zucker vermischen, dann die Butter und das Eigelb zufügen und alles zu einem glatten Teig verarbeiten.

Den Teig halbieren. Den Vanillezucker und die weiße Schokolade unter die eine Hälfte, die Zartbitterschokolade und das Kakaopul- ver unter die andere Hälfte mischen.

Beide Teige grob miteinander verkneten, zu einer Rolle formen und in Frischhaltefolie gewickelt 1 Stunde kalt stellen.

Die Teigrolle in 5 mm dicke Scheiben schneiden.

Die Adventsdukaten auf ein mit Backpapier ausgelegtes Backblech geben und im auf 160 °C (Ober-/Unterhitze) vorgeheizten Backofen etwa 12 Minuten backen.

Kinderleicht

Haselnussmakronen `GLUTENFREI`

*Marie-Luise Linckh, Vaihingen/Enz
Präsidentin des LandFrauenverbands
Württemberg-Baden*

Zutaten: *6 Eiweiß · 500 g Zucker ·
1 Päckchen Vanillezucker· 500 g
gemahlene Haselnüsse · 80 ganze
Haselnüsse · Guss: 1 Eiweiß · 125 g
Puderzucker*

Zubereitung: Das Eiweiß mit dem
Zucker und dem Vanillezucker steif
schlagen. Die gemahlenen Nüsse
unterheben. Mithilfe von zwei Teelöffeln etwa 80 kleine runde Häufchen
auf zwei gefettete Backbleche setzen.

Für den Guss das Eiweiß mit dem
Puderzucker zu einer dicklichen
Masse aufschlagen.

Mit einem mehlbestaubten Holzlöffelstiel kleine Mulden in die Mitte
der Häufchen drücken und etwas von
dem Guss hineingeben. Je eine ganze
Haselnuss auf den Guss setzen.

Die Haselnussmakronen im auf
180 °C (Ober-/Unterhitze) vorgeheizten Backofen etwa 15 Minuten
backen. Auskühlen lassen und in
einer Keksdose aufbewahren.

Haselnusskekse

Michaela Litterst, Offenburg

Zutaten: *Teig:* 250 g Mehl · ½ TL Backpulver · 75 g Zucker · 1 Päckchen Vanillezucker · 200 g kalte Butter, in Flöckchen · 150 g gemahlene Haselnüsse · 1 Ei · **Füllung:** 200 g Nussnougatcreme · **Garnierung:** 200 g Kuvertüre (z. B. Haselnuss oder Vollmilch)

Zubereitung: Für den Teig alle Zutaten verkneten, zu einer Kugel formen und in Frischhaltefolie gewickelt 1 Stunde kalt stellen.

Den Teig ½ cm dick auswellen und kreisförmig ausstechen.

Die ausgestochenen Kreise auf ein mit Backpapier ausgelegtes Backblech geben und im auf 160 °C (Umluft) vorgeheizten Backofen in etwa 10 Minuten hell backen. Abkühlen lassen.

Für die Füllung die eine Hälfte der Haselnusskekse mit der Nussnougatcreme bestreichen und die übrigen auflegen.

Für die Garnierung die Kuvertüre über einem Wasserbad schmelzen und die Haselnusskekse mit einer Seite eintauchen. Abtropfen und abkühlen lassen.

Buttermilchplätzchen

Heide Döringer, Bammental

Zutaten: *Teig:* 250 g Mehl · 250 g Butter · 1 Päckchen Vanillezucker · 4 EL Buttermilch · **Garnierung:** 1 Eigelb · 1 EL Milch · Hagelzucker zum Bestreuen

Zubereitung: Das Mehl, die Butter, den Vanillezucker und die Buttermilch gut verkneten, den Teig zu einer Kugel formen und in Frischhaltefolie gewickelt über Nacht kalt stellen.

Den Teig kurz durchkneten, auf einer bemehlten Arbeitsfläche ½ cm dick auswellen und Plätzchen ausstechen.

Für die Garnierung das Eigelb mit der Milch verquirlen, die Plätzchen damit bestreichen und mit Hagelzucker bestreuen.

Die Buttermilchplätzchen auf ein mit Backpapier ausgelegtes Backblech geben und im auf 180 °C (Ober-/Unterhitze) vorgeheizten Backofen in 20–30 Minuten goldgelb backen.

Puddingplätzchen

OHNE EI

Sabine Maier, Vöhringen-Wittershausen

Zutaten: *250 g weiche Butter · 100 g Puderzucker · 1 Päckchen Vanillezucker · 250 g Mehl, gesiebt · 100 g Sahnepudding-Pulver*

Zubereitung: Die Butter mit dem Puderzucker und dem Vanillezucker schaumig rühren. Das Mehl und das Puddingpulver nach und nach untermischen. Den Teig zu kleinen Kugeln formen und auf ein mit Backpapier ausgelegtes Backblech geben.

Die Kugeln mit einer mehlbestaubten Gabel etwas flach drücken, sodass die Plätzchen ein schönes Muster bekommen.

Die Puddingplätzchen im auf 180 °C (Ober-/Unterhitze) vorgeheizten Backofen in etwa 10 Minuten hell backen. Auf einem Kuchengitter auskühlen lassen.

Tipps & Tricks: Nach Belieben kann man auch Puddingpulver mit Schokoladengeschmack verwenden und etwas Lebkuchengewürz hinzufügen.

Mandelhalbmonde

Gisela Widmann, Gärtringen

Zutaten: *5 Eigelb · 60 g Zucker · 100 g kalte Butter · 250 g Mehl · **Belag:** 1 Glas Himbeerfruchtaufstrich · 5 Eiweiß · 180 g Zucker · 120 g gemahlene Mandeln · 30 g Butter, geschmolzen · 60 g Mehl · 1 EL Milch · **Guss:** Saft von 1 Zitrone · 250 g Puderzucker*

Zubereitung: Das Eigelb, den Zucker, die Butter und das Mehl zu einem Teig verkneten. Den Teig zu einer Kugel formen und in Frischhaltefolie gewickelt 1 Stunde kalt stellen.

Den Teig ½ cm dick auswellen, auf ein mit Backpapier ausgelegtes Backblech geben und im auf 180 °C (Ober-/Unterhitze) vorgeheizten Backofen in 8 Minuten hell backen. Auf dem Backblech auskühlen lassen.

Für den Belag den Teigboden mit dem Himbeerfruchtaufstrich bestreichen. Das Eiweiß mit dem Zucker steif schlagen und die übrigen Zutaten unterheben. Die Masse auf den mit Marmelade bestrichenen Boden geben und glatt streichen. Im auf 180 °C (Ober-/Unterhitze) vorgeheizten Backofen weitere 10–15 Minuten backen. Abkühlen lassen.

Für den Guss den Zitronensaft mit dem Puderzucker glatt rühren und gleichmäßig auf dem Kuchen verstreichen. Trocknen und fest werden lassen.

Anschließend mit einer runden Form Halbmonde ausstechen.

Anisplätzchen

Gertrud Mann, Ludwigshafen

Zutaten: *1 EL Kartoffelmehl · 230 g Weizenmehl · ½ TL Backpulver · 1 TL gemahlener Anis · 2–3 Eier (insgesamt 150 g) · 250 g Puderzucker*

Zubereitung: Die beiden Mehle sieben und das Backpulver und den Anis untermischen. Die Eier und den Puderzucker cremig aufschlagen, nach und nach das Mehlgemisch unterheben und rühren, bis eine zähflüssige Masse entsteht.

Ein Backblech fetten und mit Mehl bestauben. Den Teig mithilfe von zwei Teelöffeln in kleinen Häufchen auf das Backblech geben und 24 Stunden bei Raumtemperatur trocknen lassen.

Die Anisplätzchen im auf 130 °C (Ober-/Unterhitze) vorgeheizten Backofen etwa 25 Minuten backen.

Tipps & Tricks: Die Anisplätzchen sollten separat in einer Dose aufbewahrt werden, da das Anisaroma schnell auf andere Plätzchen übergeht.

Vanilleschnitten

Inge Blumenstock, Rot am See

Zutaten: *375 g Mehl · 250 g kalte Butter · 60 g Zucker · 2–3 EL Crème fraîche · 3 Eiweiß · 250 g Puderzucker · 250 g gemahlene Mandeln oder Nüsse · 1 Päckchen Vanillezucker*

Zubereitung: Das Mehl mit der Butter, dem Zucker und der Crème fraîche zu einem Teig verkneten, diesen zu einer Kugel formen und in Frischhaltefolie gewickelt über Nacht kalt stellen.

Den Teig ½ cm dick auswellen und mit einem Teigrädchen in rechteckige Schnitten rädeln.

Das Eiweiß mit dem Puderzucker und dem Vanillezucker steif schlagen, die Mandeln oder Nüsse unterheben und die Masse auf die Schnitten streichen.

Die Vanilleschnitten auf ein mit Backpapier ausgelegtes Backblech geben und im auf 180 °C (Ober-/Unterhitze) vorgeheizten Backofen etwa 30 Minuten backen.

Schokoladenwürfel

Waltraud Hoßlin, Schliengen

Zutaten: *75 g Mehl, gesiebt · 200 g Puderzucker, gesiebt · 200 g Vollmilch-Kuvertüre, geraspelt oder fein gemahlen · 200 g gemahlene Haselnüsse · 1 TL Speisestärke · 1 TL gemahlener Kardamom · 1 TL gemahlener Ingwer · 200 g weiche Butter · 5 Eier · Abrieb von 1 unbehandelten Zitrone · Abrieb von 1 unbehandelten Orange · Puderzucker zum Bestauben*

Zubereitung: Das Mehl mit dem Puderzucker, der Kuvertüre, den Nüssen, der Speisestärke und den Gewürzen mischen.

Die Butter cremig rühren und nach und nach das Mehlgemisch untermengen. Die Eier einzeln zufügen und mit dem Zitrusabrieb zu einem glatten Teig verarbeiten.

Den Teig auf ein gefettetes und mit Backpapier ausgelegtes Backblech streichen und im auf 175 °C (Ober-/Unterhitze) vorgeheizten Backofen etwa 25 Minuten backen.

Den noch warmen Kuchen in mundgerechte Quadrate schneiden und mit Puderzucker bestauben.

Liebesgrübchen

Mirjam Nievel-Ziegler, Ettlingen

Zutaten: *Teig: 175 g Mehl · 65 g Zucker · 1 Päckchen Vanillezucker · 2 Eigelb · 125 g kalte Butter · Füllung: Johannisbeergelee*

Zubereitung: Für den Teig alle Zutaten verkneten, zu einer Kugel formen und in Frischhaltefolie gewickelt 1 Stunde kalt stellen.

Den Teig zu kleinen Kugeln formen und mithilfe eines mehlbestaubten Holzlöffelstiels kleine Mulden in die Mitte drücken.

Die Mulden mit Johannisbeergelee füllen und die Liebesgrübchen auf ein mit Backpapier ausgelegtes Backblech geben.

Im auf 180 °C (Ober-/Unterhitze) vorgeheizten Backofen in 15–20 Minuten hellgelb backen.

Mandelkränze

Christa Braun, Helmstadt-Bargen

Zutaten: *4 Eigelb, hart gekocht · 120 g Zucker · 2 Päckchen Vanillezucker · 200 g Butter · 1 Prise Salz · 300 g Mehl · 1 Msp. Backpulver · Garnitur: 50 g Zucker · 80 g gehackte Mandeln · 1 Eiweiß, verquirlt*

Zubereitung: Das Eigelb durch ein Sieb streichen und den Zucker, den Vanillezucker, die Butter und das Salz zufügen. Alles cremig rühren und das Mehl mit dem Backpulver unterkneten.

Den Teig zu einer Kugel formen und in Frischhaltefolie gewickelt 2 Stunden kalt stellen.

Den Teig ½ cm dick auswellen und Kränze ausstechen.

Für die Garnitur den Zucker mit den Mandeln mischen, die Plätzchen mit dem Eiweiß bestreichen und mit der Zucker-Mandel-Mischung bestreuen.

Die Mandelkränze auf ein mit Backpapier ausgelegtes Backblech geben und im auf 200 °C (Ober-/Unterhitze) vorgeheizten Backofen 10–15 Minuten backen.

Haferflockenplätzchen

Martina Seyfang, Hattenhofen

Zutaten: *125 g weiche Butter · 250 g Zucker · 1 Päckchen Vanillezucker · Abrieb von ½ unbehandelten Zitrone · 2 Eier · 250 g Mehl · 250 g blütenzarte Haferflocken · 1 TL Backpulver ·* **Zum Bestreichen:** *2 Eigelb · 10 ml Kaffeesahne*

Zubereitung: Die Butter, den Zucker, den Vanillezucker, den Zitronenabrieb und die Eier schaumig rühren. Das Mehl, die Haferflocken und das Backpulver untermischen und zu einem Teig verarbeiten. Den Teig abgedeckt 1 Stunde ruhen lassen.

Den Teig auswellen und nach Belieben ausstechen.

Das Eigelb mit der Kaffeesahne verquirlen und die Plätzchen damit bepinseln.

Die Haferflockenplätzchen auf ein mit Backpapier ausgelegtes Backblech geben und im auf 180 °C (Ober-/Unterhitze) vorgeheizten Backofen etwa 12 Minuten backen.

Haferflocken-Schoko-Plätzchen

Natalie Fleischer, Weissach im Tal

Zutaten: *125 g Butter · 60 g Zucker · 1 Ei · 1 gestrichener TL Backpulver · 1 EL Rum · 1 Msp. Zimt · 125 g Mehl · 130 g Haferflocken · 30 g Zartbitterschokolade, geraspelt ·* **Garnitur:** *150 g dunkle Kuchenglasur, geschmolzen · Haferflocken zum Bestreuen*

Zubereitung: Die Butter mit dem Zucker cremig rühren und das Ei untermischen. Das Backpulver, den Rum, den Zimt und das Mehl zufügen und alles gut vermengen. Die Haferflocken und die Schokolade vorsichtig unterheben und mit bemehlten Händen zu einem glatten Teig verkneten. Den Teig zu einer Kugel formen und in Frischhaltefolie gewickelt 1 Stunde kalt stellen.

Den Teig auf einer bemehlten Arbeitsfläche ½ cm dick auswellen, zu kleinen Quadraten (4 x 4 cm) ausstechen und auf ein mit Backpapier ausgelegtes Backblech geben.

Im auf 190 °C (Umluft) vorgeheizten Backofen etwa 12 Minuten backen. Abkühlen lassen.

Die Plätzchen nach Belieben in die Kuchenglasur tauchen und mit Haferflocken bestreuen.

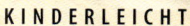

Mandel-Aprikosen-Plätzchen

Tanja Lemke, Konstanz

Zutaten: *1 Vanillekipferl-Backmischung ·
150 g weiche Butter · 1 Eigelb · 1 Päckchen
Vanillezucker · ½ Röhrchen Bittermandel-
Aroma · 1 Eiweiß, verquirlt · 100 g gehackte
Mandeln · 100 g Aprikosenkonfitüre*

Zubereitung: Die Backmischung, die
Butter, das Eigelb, den Vanillezucker und das
Bittermandel-Aroma zu einem glatten Teig
verkneten und in Frischhaltefolie gewickelt
1 Stunde kalt stellen.

Den Teig zu 2 ½ cm großen Kugeln formen.
Die Kugeln zuerst in das Eiweiß tauchen und
dann in den gehackten Mandeln wälzen.

Die Plätzchenkugeln auf ein mit Backpapier
ausgelegtes Backblech geben, jeweils eine
Mulde in die Mitte drücken und diese mit
Konfitüre füllen.

Die Mandel-Aprikosen-Plätzchen im auf
200 °C (Ober-/Unterhitze) vorgeheizten
Backofen etwa 12 Minuten backen. Auf
einem Kuchengitter abkühlen lassen.

Hefeteigplätzchen

OHNE EI

Marlies Freudemann, Burladingen

Zutaten: *350 g Mehl · 250 g Butter · 20 g Hefe · 2 EL Milch · ½ EL Zucker · **Garnitur:** 125 g Zucker · 2 ½ Päckchen Vanillezucker*

Zubereitung: Das Mehl auf eine Arbeitsfläche sieben und die Butter in Flöckchen daraufgeben. In die Mitte eine Mulde drücken, die Hefe hineinbröseln und mit der Milch und dem Zucker zu einem Vorteig verrühren. Kurz gehen lassen.

Das Mehl und die Butterflöckchen mit dem Vorteig verkneten. Den Teig zu einer Kugel formen und in Frischhaltefolie gewickelt 4 Stunden kalt stellen.

Den Teig auswellen und nach Belieben ausstechen.

Die Hefeteigplätzchen auf ein mit Backpapier ausgelegtes Backblech geben und im auf 190 °C (Ober-/Unterhitze) vorgeheizten Backofen etwa 8 Minuten backen.

Für die Garnitur den Zucker und den Vanillezucker mischen und die noch warmen Hefeteigplätzchen darin wenden.

Falsches Butterbrot

Rita Schöllig, Mudau

Zutaten: *100 g Butter · 100 g Zucker · 1 Ei · 120 g geriebene Mandeln · 120 g Mehl · 120 g Schokolade, geraspelt · **Guss:** 250 g Puderzucker, gesiebt · 4 Eigelb · 1 Päckchen Vanillezucker*

Zubereitung: Die Butter, den Zucker und das Ei schaumig rühren. Die Mandeln, das Mehl und die Schokolade zugeben und alles zu einem Teig verkneten.

Den Teig zu 3–4 cm dicken Rollen formen und in Frischhaltefolie gewickelt 2 Stunden kalt stellen.

Die Rollen leicht flach drücken, in ovale Scheiben schneiden und auf ein mit Backpapier ausgelegtes Backblech geben.

Die Brote im auf 190 °C (Ober-/Unterhitze) vorgeheizten Backofen etwa 15 Minuten backen. Abkühlen lassen.

Für den Guss den Puderzucker mit dem Eigelb und dem Vanillezucker glatt rühren. Die Brote von der Unterseite mit der falschen Butter bestreichen und trocknen lassen.

Florenzer Schnittchen

Gertrud Fuchs, Ulm

Zutaten: *75 g Butter · 200 g Zucker · 2 Eier · 250 g Mehl · 1 gestrichener TL Backpulver · ½ TL gemahlene Nelken · ½ TL Zimt · 30 g Zitronat, fein gehackt · 30 g Orangeat, fein gehackt · 75 g Rosinen · 75 g gemahlene Haselnüsse · 75 g Bitterschokolade, grob gehackt · 1 EL Rum · 200 g Kuvertüre, geschmolzen*

Zubereitung: Die Butter schaumig rühren, dabei den Zucker einrieseln lassen und die Eier zugeben. Das Mehl, das Backpulver und die Gewürze nach und nach untermengen. Das Zitronat, das Orangeat, die Rosinen, die Nüsse und die Schokolade unterheben und den Rum unterrühren.

Den Teig auf ein gefettetes Backblech streichen und im auf 200 °C (Ober-/Unterhitze) vorgeheizten Backofen etwa 20 Minuten backen.

Den noch warmen Kuchen in Streifen schneiden und die Enden in die geschmolzene Kuvertüre tauchen. Auf einem Kuchengitter abkühlen lassen.

Kerntaler mit Pistazien

Marleen Kaufmann, Heidenheim

Zutaten: *Teig: 250 g Mehl · ½ Päckchen Backpulver · 125 g Zucker · 1 Päckchen Vanillezucker · ½ Röhrchen Bittermandel-Aroma · 1 Ei · 125 g Butter · 125 g gehackte Pistazien · Garnitur: 2–3 EL Kondensmilch · 100 g gehackte Pistazien*

Zubereitung: Für den Teig alle Zutaten in eine Rührschüssel geben und mit den Knethaken eines Handrührers zu einem Teig verarbeiten.

Für die Garnitur den Teig zu 2 ½ cm dicken Rollen formen, mit der Kondensmilch bestreichen und in den Pistazien wälzen. Die Rollen in Frischhaltefolie gewickelt über Nacht kalt stellen.

Die Rollen mit einem scharfen Messer in ½ cm dicke Scheiben schneiden und auf ein mit Backpapier ausgelegtes Backblech geben.

Im auf 200 °C (Ober-/Unterhitze) vorgeheizten Backofen 10–15 Minuten backen.

Intelligenzplätzchen

Jutta Drexler, Schlier

Zutaten: *250 g Dinkelvollkornmehl · 125 g weiche Butter · 80 g Rohzucker · 1 Ei · 50 g Mandeln · 1 TL gemahlene Muskatnuss · 1 TL Zimt · ½ TL gemahlene Nelken · Abrieb von ½ unbehandelten Zitrone*

Zubereitung: Alle Zutaten in eine Rührschüssel geben und mit den Knethaken eines Handrührers auf niedriger Stufe vermengen. Etwa 2–5 EL Wasser zugeben und weiterrühren, bis der Teig homogen ist und sich langsam zu einer Kugel formt.

Den Teig zu 2–3 cm dicken Rollen formen und in Frischhaltefolie gewickelt über Nacht kalt stellen.

Die Rollen in dünne Scheiben schneiden und auf ein mit Backpapier ausgelegtes Backblech geben.

Die Intelligenzplätzchen im auf 170 °C (Umluft) vorgeheizten Backofen etwa 15 Minuten backen.

Tipps & Tricks: Je dünner die Scheiben sind, desto kürzer ist die Backzeit.

Heidesand mit Marmelade

OHNE EI

Helmut Zimmermann, Gengenbach

Zutaten: *250 g Butter · 250 g Zucker · 1 Päckchen Vanillezucker · 1 Prise Salz · 1 EL Sahne · 380 g Mehl · 1 TL Backpulver · 1 Glas Marmelade*

Zubereitung: Die Butter in einem kleinen Topf bei niedriger Temperatur zerlassen. In eine Schüssel füllen und den Zucker, den Vanillezucker und das Salz zufügen. Zu einer cremigen Masse aufschlagen, dann die Sahne zugeben und nach und nach das Mehl mit dem Backpulver unterkneten.

Den Teig zu einer Kugel formen und in Frischhaltefolie gewickelt 2 Stunden kalt stellen.

Den Teig kurz durchkneten und 1 cm dick auswellen. Kreise ausstechen und diese auf ein mit Backpapier ausgelegtes Backblech geben. Je eine kleine Mulde in die Mitte drücken.

Die Plätzchen im auf 160 °C (Ober-/Unterhitze) vorgeheizten Backofen in etwa 10 Minuten hell backen. Auskühlen lassen.

Die Marmelade erwärmen und je einen Klecks in die Mitte der Heidesand-Plätzchen geben.

Margarethenplätzchen

Dorothee Bender, Ingersheim

Zutaten: *200 g Butter · 200 g Zucker · 2 Päckchen Vanillezucker · 2 Eier · 1 Prise Salz · 300 g Mehl · 100 g Speisestärke · 2 TL Backpulver · 100 g Schokolade, grob gehackt*

Zubereitung: Alle Zutaten und 2 EL warmes Wasser in eine Rührschüssel geben und mit den Knethaken eines Handrührers zu einem Teig verarbeiten. Über Nacht abgedeckt kalt stellen.

Den Teig mithilfe von zwei Teelöffeln zu walnussgroßen Häufchen formen und auf ein mit Backpapier ausgelegtes Backblech geben.

Die Margarethenplätzchen im auf 200 °C (Ober-/Unterhitze) vorgeheizten Backofen 10–15 Minuten backen.

Schneeflöckchen

OHNE EI

Cornelia Braun, Weinsberg

Zutaten: *250 g Butter · 100 g Puderzucker, gesiebt · 60 g Speisestärke · 250 g Mehl · 1 Päckchen Vanillezucker · Puderzucker zum Bestauben*

Zubereitung: Die Butter schaumig rühren, dann die übrigen Zutaten zugeben und alles zu einem glatten Teig verarbeiten. Den Teig abgedeckt 2 Stunden kalt stellen.

Den Teig zu haselnussgroßen Kugeln formen und mit etwas Abstand auf ein mit Backpapier ausgelegtes Backblech geben.

Die Kugeln mit einer mehlbestaubten Gabel etwas flach drücken, sodass die Plätzchen ein schönes Muster bekommen.

Die Schneeflöckchen im auf 160 °C (Ober-/Unterhitze) vorgeheizten Backofen etwa 15 Minuten backen. Auf einem Kuchengitter auskühlen lassen und mit Puderzucker bestauben.

Heidesand

OHNE EI

Karin Stopfkuchen, Korb

Zutaten: *125 g Butter · 100 g Zucker · 2 EL Milch · 175 g Mehl*

Zubereitung: Die Butter in einem kleinen Topf bei niedriger Temperatur zerlassen, bis sie leicht gebräunt ist. In eine Schüssel füllen und etwa 1 Stunde kalt stellen, bis sie wieder fest geworden ist.

Die fest gewordene Butter mit dem Zucker schaumig schlagen. Die Milch zugeben und nach und nach das Mehl unterkneten.

Den Teig zu Rollen (3–4 cm Ø) formen und in Frischhaltefolie gewickelt über Nacht kalt stellen.

Die Rollen in ½ cm dicke Scheiben schneiden und diese auf ein mit Backpapier ausgelegtes Backblech geben.

Die Heidesand-Plätzchen im auf 175 °C (Ober-/Unterhitze) vorgeheizten Backofen 10–15 Minuten backen.

Schokoladenbrot   GLUTENFREI

Joachim Habiger

Zutaten: *250 g Butter · 250 g Zucker ·
6 Eier · 250 g gemahlene Mandeln ·
120 g Kartoffelstärke · 250 g Schokolade, fein gehackt · **Glasur:** 200 g Schokolade, geschmolzen · Zucker- oder
Marzipandekor nach Belieben*

Zubereitung: Die Butter und den
Zucker schaumig rühren, dann nach
und nach die Eier zugeben. Die
Mandeln, die Kartoffelstärke und die
gehackte Schokolade mischen und
unter die Buttermasse heben.

Den Teig auf ein mit Backpapier
ausgelegtes Backblech streichen und
im auf 180 °C (Ober-/Unterhitze)
vorgeheizten Backofen 20 Minuten
backen. Abkühlen lassen.

Dann das Schokoladenbrot in Recht-
ecke schneiden, mit der geschmolzenen Schokolade bestreichen und
nach Belieben ausdekorieren.

Rahmplätzchen

Elisabeth Vaas, Ellwangen

Zutaten: *500 g Mehl · 500 g Butter · 1 Becher saure Sahne · 1 Eigelb, verquirlt · Hagelzucker oder bunte Zuckerstreusel*

Zubereitung: Das Mehl mit der Butter und der sauren Sahne vermengen und abgedeckt 1 Stunde kalt stellen.

Den Teig zu kleinen Ringen formen oder auf einer bemehlten Arbeitsfläche auswellen und nach Belieben ausstechen.

Die Plätzchen auf ein mit Backpapier ausgelegtes Backblech geben, mit dem Eigelb bestreichen und mit Hagelzucker oder bunten Zuckerstreuseln bestreuen.

Die Rahmplätzchen im auf 200 °C (Ober-/Unterhitze) vorgeheizten Backofen 10–12 Minuten backen.

Vanille-Reis-Kekse

Michaela Geper, Ellwangen

Zutaten: *120 g Butter · 80 g Rohrzucker · 4 Eier · 1 Prise Zimt · 1 Prise Salz · 1 TL Backpulver · 300 g Reismehl · 2 TL Vanillepulver oder 1 Röhrchen Vanille-Aroma*

Zubereitung: Die Butter und den Zucker schaumig schlagen. Nach und nach die Eier unterrühren. Den Zimt, das Salz, das Backpulver, das Reismehl und die Vanille zufügen und alles zu einem glatten Teig verarbeiten.

Den Teig mithilfe von zwei Teelöffeln in kleinen Häufchen auf ein gefettetes Backblech geben.

Die Vanille-Reis-Kekse im auf 150 °C (Ober-/Unterhitze) vorgeheizten Backofen in 15–20 Minuten hellbraun backen.

Goji-Beeren-Stängel

Peter Thum, Großbottwar

Zutaten: *150 g Mehl · 75 g Butter · 75 g Zucker · 1 Ei · 1 Eigelb · ½ Beutel Zitronenschalen-Aroma · ½ TL Backpulver · 50 g getrocknete Goji-Beeren*

Zubereitung: Das Mehl, die Butter, den Zucker, das Ei, das Eigelb, das Zitronenschalen-Aroma, das Backpulver und die Goji-Beeren zu einem Teig verarbeiten.

Den Teig zu Rollen (2 cm Ø) formen und diese in 5 cm lange Stücke schneiden.

Die Goji-Beeren-Stängel auf ein mit Backpapier ausgelegtes Backblech geben und im auf 180 °C (Ober-/Unterhitze) vorgeheizten Backofen etwa 10 Minuten backen.

Haferflockenringlein

Gerlinde Braun, Bühl-Neusatz

Zutaten: *250 g Haferflocken · 300 g Zucker · 200 g Butter · 2 Eier · 100 g gemahlene Walnüsse · 500 g Mehl · 1 Päckchen Backpulver · 8 EL Milch · Saft von ½ Zitrone · **Zum Bepinseln:** 1 Eigelb, verquirlt*

Zubereitung: Die Haferflocken mit 150 g Zucker anrösten. Etwas abkühlen lassen.

Den übrigen Zucker, die Butter, die Eier, die Walnüsse, das Mehl, das Backpulver, die Milch und den Zitronensaft mit den angerösteten Haferflocken zu einem Teig verkneten. Diesen zu einer Kugel formen und in Frischhaltefolie gewickelt 1 Stunde kalt stellen.

Den Teig auswellen, kleine Ringe ausstechen, auf ein mit Backpapier ausgelegtes Backblech geben und mit dem Eigelb bepinseln.

Die Haferflockenringlein im auf 160 °C (Umluft) vorgeheizten Backofen etwa 15 Minuten backen.

Spiegelberger Kokoszungen

Isolde Bauer, Spiegelberg

Zutaten: *Teig: 250 g Mehl · 125 g Kokosflocken · 125 kalte Butter, in Flöckchen · 125 g Zucker · 1 Ei · 1 Päckchen Vanillezucker · 1 Prise Salz · 1 Msp. Backpulver · **Garnitur:** 1 Eigelb, verquirlt · 200 g Mandeln, halbiert*

Zubereitung: Für den Teig alle Zutaten verkneten, zu einer Kugel formen und in Frischhaltefolie gewickelt 1 Stunde kalt stellen.

Den Teig auf einer bemehlten Arbeitsfläche ½ cm dick auswellen und mit einem Löffelbiskuit-Ausstecher zu Zungen formen.

Die Kokoszungen auf ein gefettetes Backblech geben, mit dem Eigelb bestreichen und die Enden mit den Mandelhälften verzieren.

Im auf 175 °C (Ober-/Unterhitze) vorgeheizten Backofen in 18–20 Minuten goldgelb backen.

Tipps & Tricks: Dieses Rezept ist auch für fleißige Nachwuchsbäcker gut zu bewältigen.

LANDFRAUENVERBÄNDE IN BADEN-WÜRTTEMBERG – ein starker Verbund für Frauen im ländlichen Raum

Mit 80 000 Mitgliedern sind die LandFrauen die größte Interessenvertretung für Frauen im ländlichen Raum. Die LandFrauenverbände Südbaden, Württemberg-Baden und Württemberg-Hohenzollern sind offen für Frauen aus allen Berufen und Lebenssituationen, sie sind parteipolitisch neutral und konfessionell ungebunden. Die 56 Kreis- und Bezirksvereine und 1036 Ortsvereine werden von ehrenamtlichen Führungskräften geleitet. Als anerkannte Träger der ländlichen Erwachsenenbildung bieten die drei Land-Frauenverbände über ihre Bildungs- und Sozialwerke mit jährlich über 45 000 Veranstaltungen und über einer Million TeilnehmerInnen ein umfangreiches qualifiziertes und ganzheitliches Weiterbildungsangebot auf Landes-, Kreis- und Ortsebene an. Ein zentraler Schwerpunkt ist der Erzeuger-Verbraucher-Dialog und die Vermittlung von Alltagskompetenzen. Hierzu gehören auch Back- und Kochkenntnisse mit regionalen und saisonalen Lebensmitteln.

Anschriften der LandFrauenverbände in Baden-Württemberg

LandFrauenverband Südbaden im Badischen Landwirtschaftlichen Hauptverband e. V.
Merzhauser Straße 111
79100 Freiburg
Telefon (07 61) 2 71 33-500
Fax (07 61) 2 71 33-501
www.landfrauenverband-suedbaden.de

LandFrauenverband Württemberg-Baden e. V.
Olgastraße 83
70182 Stuttgart
Telefon (07 11) 24 89 27-0
Fax (07 11) 24 89 27-50
www.landfrauen-bw.de

LandFrauenverband Württemberg-Hohenzollern im Landesbauernverband in Baden-Württemberg e. V.
Gartenstraße 63
88212 Ravensburg
Telefon (07 51) 36 07-60
Fax (07 51) 36 07-80
www.landfrauenverband-wh.de

Tolle Rezepte aus dem Südwesten

Michael Branik

Süßer Südwesten

Fruchtige Köstlichkeiten aus dem Beerenland Baden-Württemberg

Hörerinnen und Hörer von SWR4 und die baden-württembergischen LandFrauen waren aufgefordert, ihre besten Beerenrezepte einzusenden – für Johannis-, Erd-, Him-, Brom-, Stachel-, Preisel- oder Heidelbeeren und wie sie sonst noch alle heißen. Die rund 160 leckersten, gelungensten, ausgefallensten und überzeugendsten Rezepte werden nun in diesem liebevoll gestalteten Beeren-Büchlein präsentiert.

120 Seiten, ca. 37 Abb., Broschur
ISBN 978-3-8425-1226-9

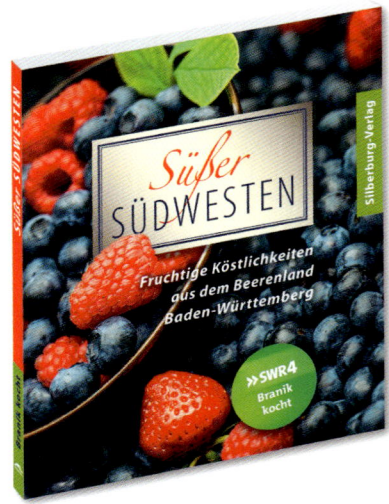

Michael Branik

Knuspriger Südwesten

Köstliche Rezepte rund ums Brot aus baden-württembergischen Küchen

Mmmmh, da duftet's aus dem Backofen! Hörerinnen und Hörer von SWR4 und baden-württembergische LandFrauen haben die besten Brotrezepte eingesandt. Darunter finden sich einheimische Brotsorten und Kleingebäck wie Buttermilchhörnchen oder Laugenwecken, internationale Brote wie italienisches Ciabatta oder französisches Baguette ebenso wie Hefekranz, Hutzelbrot oder Mutscheln und Rezepte für leckere Brotaufstriche, Brotaufläufe, Brotsuppen und Brotsalate. Einfach lecker!

128 Seiten, ca. 70 Abb., Broschur
ISBN 978-3-8425-2008-0

SILBERBURG